武都非遗

武都文史 第七辑

政协陇南市武都区委员会 ◎ 编

中国文史出版社

图书在版编目（CIP）数据

武都非遗 / 政协陇南市武都区委员会著 . -- 北京：
中国文史出版社，2022.10
ISBN 978-7-5205-3717-9

Ⅰ．①武… Ⅱ．①政… Ⅲ．①非物质文化遗产－武都
区 Ⅳ．① G127.424

中国版本图书馆 CIP 数据核字 (2022) 第 175134 号

责任编辑：戴小璇
装帧设计：王宏娟

出版发行：中国文史出版社
社　　址：北京市海淀区西八里庄 69 号院　　邮编：100142
电　　话：010-81136606　81136602　81136603（发行部）
传　　真：010-81136655
排　　版：陇南文博数码彩印有限责任公司
印　　装：兰州银声印务有限公司
经　　销：全国新华书店
开　　本：787×1092 毫米　　1/16
印　　张：20.75　字数：308 千字
版　　次：2022 年 11 月北京第 1 版
印　　次：2022 年 11 月第 1 次印刷
定　　价：88.00 元

武都文史（第七辑）《武都非遗》
编 辑 委 员 会

# 序

任文海

　　"非物质文化遗产"相对于"物质文化遗产"而提出，是劳动人民通过口传心授世代相传的无形的、活态流变的传统文化表现形式。在《非物质文化遗产概论》一书中指出，"非物质"强调的并非没有物质，而是蕴藏在物化形式背后的精湛的技艺、独到的思维方式、丰富的精神内涵等非物质形态的内容。它代表了一个地域古老的生命记忆，凝聚着劳动人民生存智慧和精神结晶，体现了独特的地域文化特色。当前，我国有昆曲艺术、古琴艺术等43项非遗名录先后入选联合国教科文组织宣布的世界非遗代表性项目名单；国家、省、市、县（区）各级非遗名录多达10万余项，充分彰显了我国厚重的非物质文化历史底蕴。

　　武都地处秦巴山地结合部，是甘肃、陕西、四川三省交通要塞。境内文化开放包容，巴蜀文化、秦陇文化、古道文化、氐羌文化相互碰撞、融合发展。随着历史演进、时代变迁，劳动人民的生活习俗、生产方式和民间文化有选择地被保留下来，逐步形成丰富的非物质文化遗产，如"武

都紫泥"作为两汉时期皇帝御用封泥，见证了历史的辉煌；具有代表性的国家级非遗名录"武都高山戏"经久流传，记录着历史的痕迹。在浩浩荡荡的历史长河中，勤劳智慧的武都人民传承缤纷多彩的非物质文化，为新时代武都地方文化发展积淀了深厚的历史文脉、汇聚了丰富的精神财富。2006年开始，武都区积极组织开展全域非遗普查，在区文化部门和区非遗中心工作人员的不懈努力下，成功申报国家级非遗项目1项、省级7项、市级34项、区级110项，武都各项非遗名录得到了较好的原生态保护和有序发展。

我国自古善于记录非物质文化遗产，文学史上最早的诗歌总集《诗经》，就是对民间歌谣所作的整理记录。不同时代的武都民间艺人，以文章、图片、视频、歌谱、书画、资料汇编等形式记录着各种门类的非物质文化。《武都非遗》一书，即是区政协文史委在区非遗中心各级非遗名录申报资料的基础上，广泛收集整理武都区国家级、省级非遗名录，选取部分代表性的市级、区级非遗名录，同时选用一部分碎片化的非遗记忆，编纂而成。

《武都非遗》即将付梓出版，此书编纂旨在做好政协文史资料"存史、资政、团结、育人"的工作，进一步坚定文化自信，用文化的力量凝聚共识，积极助推武都非遗不断向前发展。同时，为旅游发展提供人文史料，汇集传统文化力量，赋能文旅康养融合发展，为助力全区经济社会高质量发展做出政协贡献。

是为序。

目录

传统美术

 传统曲艺

 传统医药

传统体育、游艺

 民间文学

传统音乐

传统舞蹈

民　俗

传统戏剧

深入挖掘中国优秀传统文化蕴含的思想观念、人文精神、道德规范，结合时代要求继承创新，让中华文化展现出永久魅力和时代风采。

武都高山戏

　　甘肃戏曲种类繁多，陇剧、眉户、影子腔、敦煌曲子戏、玉垒花灯戏，不胜枚举。然而，影响最大、流传最广的当属秦腔。秦腔以它质朴而忧戚的乐语把握着甘肃民间戏曲共同的音乐心韵，不过，事有意外，发源于陇南武都高寒山区鱼龙一带的地方戏——武都高山戏，却以它憨直而充满幽默情味的文化品格，打破了甘肃秦声剧种"以忧为美"的一统天下。

文化渊源

武都高山戏，又名"高山剧""演故事""走过场"等，1959年10月定名为"高山戏"，被陆续载入《辞海·艺术分册》《中国戏曲文化》《中国戏曲曲艺辞典》等文献资料。2008年成功申报为第二批国家级非物质文化遗产保护项目，被专家赞誉为"中国戏曲研究的活化石"。

元末明初，明朝大将李文忠途经鱼龙。李文忠平息匪乱、体恤民情，群众为了纪念他，便在杨坝村周边的孙家沟、王家沟和洞花沟三股十里水源汇合处修了一座庙宇，取名"大安庙"，尊李文忠为"龙王爷"，寺院定名"鱼龙寺"。乡民筹资修建戏楼，定每年农历四月十八为庙会，唱戏纪念。明代初期，武都没有戏班，地处高寒山区的后宋里（今鱼龙镇、隆兴镇一带），交通不便，地域偏僻，从外地请剧团演戏更非易事。这时候，各村的"戏母子"以及民间知识分子，便把流传在民间的一些故事，分派角色，在舞台上用民歌小曲演唱出来。以后，每逢春节，必定演出。年复一年，代代相传。进而流传到了宋川里（今安化镇、柏林镇一带）及周边地区，逐渐形成了一种泥土气息十分浓厚的地方戏曲。

一、高山戏的发现

鱼龙镇因地处武都高寒山区，海拔 2000 米左右，离县城 48 千米，东接康县平洛、北连隆兴与西和、礼县的西高山及雷王二坝相接，地域偏僻，交通不便，经济落后，所以，高山戏这枝泥土气息浓郁的山花，一直被认为是"耍灯"而未引起人们注意，自元末到中华人民共和国成立的 600 年时间里一直默默无闻地生长在乡间僻壤。

1951 年，武都农村进行土地改革时，城关中小学校的教师、学生，利用寒假，组织了一支土地改革文艺宣传队。石正中任队长，崔敏勤任副队长，成员有王阳升、雷积德、樊华光、李玉英、赵元璧、赵文华、郭友三以及中小学校男女学生 30 余人。从城关演出开始，经安化、后宋而到达南坪（今鱼龙镇）。当时正值农历正月十五元宵佳节，群众正在"耍灯"。宣传队到达杨家坝时，只见广场上搭了一座戏台，观众挤满一场。台上有两个古装打扮的男女角色，像赶路的样子正在演唱，下场口两位 70 多岁的老者以大筒子和二胡伴奏。曲调悠扬浑厚，唱腔字字入耳："步步的走唉步步的行啊！

咸阳路上我好伤心!"(《咸阳讨账》中的唱词)土改文艺宣传队被吸引住了。

当天晚上,崔敏勤与赵元璧专程走访了当地的老演员杨成荫和大筒子、二胡演奏者。据他们说,这种戏(当时还没有名字)在后宋、南坪及西和、礼县边境,差不多较大的村庄都有类似戏班,只在每年正月演出。南坪的秋林坪、王家沟还有戏箱,规模很大,而且剧目也很多。土改文艺演出队在王家沟、观音坝等地串户时,发现每个村庄都搭有戏台,经过甘泉、佛崖一些村庄时,也有类似情况。

1954年,甘肃省文化局召开艺人骨干训练班筹备会,武都专区派五一秦剧团副团长潘斌和乐队崔敏勤参加。会上,省文化局领导人马济川、曲子贞、陈光等听取汇报后询问各地是否还有未发现的地方剧种时,潘斌、崔敏勤便把土改宣传队在杨家坝发现的地方戏作了介绍。

二、高山戏首次进入兰州

1956年11月,甘肃省文化局决定举办省首次地方小戏会演。省文化局指定武都专区在会演节目中,一定要搞一出新发现的剧种参加会演。专署文教局派五一秦剧团的崔敏勤与武都县文教局的郭友三、文化馆的赵文华,专程去鱼龙乡杨家坝村整理排练了《咸阳讨账》中的一折,并把【哭调】【打采调】【燕麦调】【周家女】等二十多支唱腔曲调笔录下来。会演时,由五一秦剧团书记刘涛与武都县文化馆的赵文华领队,率鱼龙乡杨家坝村的杨怀清、杨守基、杨守忠、王留生、卯世彩和拉大筒子、二胡的杨守金、卯安娃等七人参加,演出《咸阳讨账》中的《店房相遇》一折:杨守忠扮演黄百万,卯世彩扮演金哥,王留生扮演银女,杨守基扮演店小二。流传在武都鱼龙乡民间的地方戏首次进入省会兰州,演员各获奖章一枚。

三、高山戏的命名

1959年10月以前,高山戏尚未正式命名,鱼龙乡群众叫它"演故事""走过场""吆嗨咳",也有人叫它"耍灯"。1956年11月到兰州参加地方小戏会演时,大家叫它"武都地方戏",或者"武都曲子戏"。1959年10月,甘肃省文化局举办国庆十周年献礼演出,武都县业余演出队用流传在高山地区鱼龙乡的曲调,创作编排现代小戏《尕女婿》,这部小戏由鱼龙乡上

尹家村的青年妇女石素珍扮演大媳妇，武都城关镇的小青年洪世华扮演尕女婿。《尕女婿》排成后，随同武都地区代表队的《两朵红花》一起参加了全省会演。会演中，武都代表队还用鱼龙乡的地方戏曲演唱了《十杯酒》。这些带着乡土气息的地方剧种，受到了广大观众的热烈欢迎。大会讨论时，省文化局领导人询问"是什么剧种？""叫什么名字？"演员答不上来，只能说是"武都高山地区的地方戏"。有人说是"武都高山曲子戏"，有人说是"武都曲剧"，因它渊源于武都高山地区，最后便定名为武都"高山戏"。"高山戏"的名字，便由此而产生，于1965年公开见报。

四、高山戏音乐的挖掘

"高山戏"被命名以后，没有来得及挖掘，天水、武都两地区合并，两地区的剧团也随之合并，而且地区与剧团都迁往天水市了。直到1962年两地区才又分开，剧团也随着分开。1964年，武都地区文教局受甘肃省文化局委托组织专人挖掘地方剧种的音乐。五一剧团乐队队长杨石鸹负责，率领杨士奋、蒋顺华等人，到武都县鱼龙、隆兴等乡去挖掘高山戏音乐。经过收集、整理、谱曲，到1966年2月，终于完成并刻印了梳妆类、过板类，哭腔类、过场牌子、生活类的原始曲牌《开门帘》《过板》《哭腔》《牌子》，以及《莲花闹》《路曲》《车曲》《马曲》《船曲》《酒曲》《进花园》《小桃红》

《十杯酒》《孟姜女》《兰桥担水》《祝英台》《绣荷包》《男寡妇》《放风筝》《十里墩》《转娘家》《织手巾》《琵琶调》等原始音乐曲牌240首。

1976年3月，武都地区文工团（"文革"中改"五一秦剧团"为"文工团"），又派人到金厂乡的渭子沟等地，从民间老艺人的唱腔中，挖掘整理了《十二大将》《跑马曲》《进财》《唐僧取经》《采花曲》《推车曲》《十根燕儿》《洛阳溜溜桥》《拜台》《送报条》《对花》《采茶》《钉缸》等32首原始曲牌。

经过这两次的挖掘整理，对各地流传的高山戏曲牌基本上掌握了。这就为后来研究、加工、创作、提高高山戏音乐奠定了基础。

五、高山戏的发展

高山戏两次赴兰州演出之后，就以崭新的面貌跨入甘肃剧坛，与秦腔、眉户、花灯戏、影子腔、陇剧等剧种一样，在甘肃戏曲舞台上有了一席地位。

1965年，原武都地区成立了"高山戏试验演出小组"。地区五一秦剧团和一些县文工队，组织力量，进行全面挖掘、整理、创作、排练，将高山戏正式搬进剧院实验演出，扩大了影响，引起了观众的兴趣。陇南一些原先只盛行秦腔、眉户的农村，也大力提倡起高山戏来，使高山戏这一新兴的地方剧种，呈现出一派空前兴旺景象。

1965年11月，武都县举行全县文艺会演，"戏母子"尹维新带领的"武都县鱼龙上尹村高山戏业余剧团"演出了他创作、配乐、导演的高山戏《人老心红》《三宝参军》《大树底下》（《大树底下》由尹文绪编写）等剧目，《人老心红》获创作、演出优秀奖。

1966年6月，由原武都地区创作组编剧，杨鸣键配曲，贺兴中、朱秀芹、张玉兰等演出的现代高山戏《挡车》参加全省戏曲调演；剧本由甘肃人民

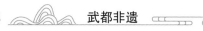

出版社出版。

1972 年 5 月，由成县业余创作组王青柏供稿，武都地区创作组改编，杨鸣键、马延恒、张治平配曲，刘忠民、王玉娥、任玉花、陈素珍等演出的现代高山戏《一把麦穗》和由杨夫锐（执笔）、陈宗凤、杨智、黄一然、杨才美等人编剧，马延恒、杨鸣键配曲，熊世芳、黄惠兰、杨士奋等人演出的现代高山戏《迎水桥》，参加甘肃省文化局为纪念毛泽东《在延安文艺座谈会上的讲话》发表三十周年而举办的现代小戏调演。《一把麦穗》由甘肃人民出版社出版。

1974 年 8 月，武都县举行第二次全县农民业余文艺会演时"武都县鱼龙上尹村高山戏业余剧团"上演了由尹维新创作、配乐、导演的高山戏《夸队长》《卖余粮》《一担水》等剧目。

1975 年 5 月，中华人民共和国文化部为纪念毛泽东《在延安文艺座谈会上的讲话》发表三十三周年而举办全国现代戏调演。甘肃省代表队进京演出的三出小戏里，就有武都地区文工团的由杨智（执笔）、陈仁川编剧，杨鸣键、马延恒配曲，蔺改兰、崔荣福、张巨林、胡猛醒、李培荣演出的现代高山戏《开锁记》。《开锁记》与一起进京演出的另外两个戏《毕业新歌》（话剧·平凉地区）、《牧场英姿》（陇剧·甘肃省陇剧团）一起，由甘肃人民出版社出版。

1976 年 5 月，武都地区举办农业学大寨题材专题文艺调演，武都地区文工团代表队参演，由杨智编剧，杨鸣键配曲，陈素珍、崔荣福、曹玉花、常艾兰、李培荣等演出的现代高山戏《绣新春》；由杨智编剧，张治平配曲，李惠明、谢建设、赵鹏、苏琳等演出的现代高山戏《夜校钟声》和由杨夫锐编剧，张治平配曲，任玉花、孙德君、张盛学、周民生等人演出的现代高山戏《加油路上》。其中《绣新春》由甘肃人民出版社出版。

1979 年 10 月，由武都地区五一秦剧团杨夫锐编剧，杨鸣键配曲，王玉娥、崔荣福、任玉花、贺兴中演出的现代高山戏《请婆婆》；杨智编剧，杨鸣键、张治平配曲，曹玉花、熊世芳、魏增祥、王界禄演出的现代高山戏《清明时节》；连同话剧《禁区》一起，参加了甘肃省庆祝新中国成立三十周年献礼演出。《请婆婆》《禁区》荣获剧本创作三等奖。

此外创作、演出的高山戏还有《丰收哨》《传喜讯》《一袋化肥》《水库新曲》《一担粪桶》《喜事重重》等。

以上都是用现代题材创作的高山戏，而且是小戏曲。1979年6月，由武都县鱼龙乡上尹家村的高山戏艺人尹维新改编的大型古典高山戏《马成宪讨妻》，先在地区庆祝新中国成立三十周年《戏剧选集》上发表，后由甘肃省《群众文化》转载，后改名《老少换》用单行本出版。鱼龙乡上尹家村业余剧团演员尹平来、尹志贤、尹中武、尹志岐、尹社保、尹中云、尹维杰、尹宪代等多次用高山戏演出。

从此，长期流传在民间的没有脚本只用"演故事"表演故事情节的高山戏，从农村跃入城市；从业余剧团跃入专业剧团；从"演故事"一跃而成为有剧本、有导演、有音乐设计、有灯光美术的戏曲艺术了。并且多次参加地区和省上的调演、会演；《开锁记》还进入首都北京表演。演出后，有的电视台播放了录像；有的电台播放了录音；有的剧本还由国家级出版社出版发行。高山戏的名字载入《辞海·艺术分册》。该书1980年2月由上海辞书出版社出版，在第31页上介绍道："高山戏，戏曲剧种。流行于甘肃武都高山地区。起源于陇南山歌。过去多演民间故事，俗称'演故事'"；又因剧中人出场前均先唱一句"哟嗬咳"，故又名"哟嗬咳"。有帮腔，伴奏乐器初为木筒做的四弦胡琴及大镲大鼓、碟子等，后来有所丰富扩充。

1986年，尹维新创作、配乐、导演的高山戏《赶集》《觉悟》《更上一层楼》再次参加了武都县举行的全县文艺会演，《更上一层楼》获戏剧类文学作品创作一等奖。

2002年，在第二届秦腔艺术节上高山戏《苏武归汉》荣获一等奖。2006年，尹利宝撰写的《高山戏起源质疑与新解》一文，首次对"高山戏学术性问题"进行了详细的论述，6月，该文获"甘肃省戏剧理论论文暨第二届艺术科学论文评奖"一等奖。

2010年召开了首届高山戏研讨会；2012年，组织编撰出版了《高山戏》（尹利宝著），《高山戏论文集》（赵元鹏编著）；2013—2014年以城区"鱼龙高山戏业余演出队"为载体，复排、演出了传统剧目《讨债》，新编高山戏《长江道上》《夸武都》《塄上姐妹》等剧目。

2018年中国文联出版社出版了《高山戏音乐》（杨鸣键著）、《尹维新作品选》（尹维新著）、《武都高山戏》、《高山戏剧目选》（尹利宝著）。

2019年中国文联资助300万元排演高山戏大型历史剧《米仓魂》，于4月17日至19日在陇南礼堂首演，受到领导和观众一致好评。

20世纪70年代以前，传统高山戏剧本是各地"戏母子"历年传承下来或自己编写的一些"故事"。这些"故事"一部分取材于典章故事如《武松打虎》《李逵探母》《康熙拜师》；一部分取材于民间传闻如《儿嫌娘丑》《王祥卧冰》《麻女子顶亲》；占较大比例的则取材于民间生活如《三怕妻》《两亲家打架》《三女不孝》《讨债》；近年来创作剧目有《开锁记》《挡车》《人老心红》《特殊党费》《米仓魂》《青橄榄 紫橄榄》等。

音乐特点

一、节奏

旋律节奏除适应曲词内容的表达、词汇合理划分、虚词语调的处理外，很多情况下要受到曲词节奏的影响，如：我们的、眼看着、手拿着等语汇在旋律上就造成紧凑切分型的语言音调基础。×××节奏的这类乐曲切分小节最后的一个八分音符往往起着向后面乐思推进、发展的作用，前半的切分并不像一般切分那样把小节的重音转移到轻拍上的长音上来，而是依然加强了重拍上面的短音，这在保持强拍重音不变的同时，使得前面的由于切分而造成的分割效果得到了有效地补偿。高山戏代表性唱腔【十杯酒】【十把扇】【进花园】【小桃红】就是典型例子，而【耍钱骨碌】乐曲则运用×× ××的机械化的模仿重复节奏，使耍钱者懒散、无聊的生活情绪有效地得到了表达。至于×× ×，×× ×，× ××等节奏类型在高山戏传统唱曲中的运用也很普遍。

二、节拍

2/4是高山戏音乐中运用最广泛的一种节拍，随着节奏、速度、音高的变化可表现欢喜、忧伤、哀怨、缠绵、思念、悲痛等多种情绪，运用频率最高。1/4、3/4、4/4、3/8等节拍在乐曲中的混合使用在高山戏唱腔中的运用频率也很高。变化节拍是音乐表现的一种有效手段，它在乐曲中的出现会给人一种"突破"节拍束缚后情感得以"自由"表达的新鲜感和宣泄感——这种手法在表达紧张、激昂、感慨、抒怀等情绪中常被用到。

曲牌板腔化是一种比之连缀体更简便的表现形式和结构方法。它以变奏的方法将曲牌作以不同的板式变化——同一曲牌可以用板腔体的一板三眼4/4、一板一眼2/4、有板无眼1/4和散板来表现，从而解决了曲调单一、集曲犯调引起的转调生硬、音乐形象不丰富等音乐表现之缺憾。曲牌板腔化的形成不仅使音乐结构得到了完整，音乐风格得到了统一，音乐色彩得到了和谐，演唱艺术得到了提高，伴奏艺术得到了丰富，而且对戏剧剧情的发展、矛盾冲突的激化、人物性格的刻画、内心情感的表达等都有了重大的突破和发展，这自然使得高山戏声腔艺术逐渐进入了高级阶段。

三、调式

高山戏常用调式有羽调式、徵调式、商调式、宫调式。其中羽调式运用最为广泛。羽调式中"6"是其调式特征音、色彩音，它与属方向和下属方向音"3"的频繁使用，推动着调式中各音级的运动趋向，在大部分乐曲中变宫"7"的出现，在没有破坏调式旋律的五声性素质的情况下，扩大了旋律的表现力，从而丰富了较单一的五声调式。除此，调式的交替使用在高山戏传统唱腔中的运用也很常见，这也形成了高山戏音乐的鲜明特征。

四、器乐

高山戏文场由弦乐大筒子、土二胡，拨弦乐土琵琶、三弦、扬琴，管乐竹笛、唢呐等民族乐器构成。大筒子、土二胡、三弦、竹笛是高山戏文场的主奏乐器。"大筒子"因琴筒较大而得名，音色圆润、浑厚，极富歌唱性，柔美抒情之特点非常鲜明，为高山戏独有乐器。

高山戏武场常用乐器有鼓、大锣、大钹、小钹、小鼓、四页瓦、瓷碟，后来吸收了鼓板、小堂鼓、吊钹、碰铃、三角铁、木鱼等乐器。瓷碟以竹筷敲打，声音脆亮，主要在过门中加花演奏。四页瓦，竹片制成，长15厘米，宽5厘米，形似瓦片故名，在数板中多被运用。

文场、武场虽有不同性能又分别用于不同场合，但在板鼓的统一指挥下，按剧情需要二者紧密配合交替使用方能形成统一的整体。

服饰特征

在传统高山戏把式舞的各类程式化演出中，穿着独具一格服饰的把式、旦角既担负着舞台下程式化表演中许多特殊的职责——上庙时的"可通神灵"，"打岔"时的嬉笑逗乐等，又是舞台上"故事"演出时的重要角色。

把式服当地人叫"大襟衣""红胖袄"，是由深红、水红两主色做成的棉袄。把式服宽袖，下长过膝，有圆形沿口的高领做缀，内实以棉花，左右两侧开衩，袖口与衬肩外部以黑色花边装饰，其袍衫上的龙、喜字与花鸟图案有祝福、祈祷等寓意。

把式舞队前排把式按年龄的长幼佩戴各种髯口："头把式"戴白色，"二把式"戴灰白色，"三把式"戴黑色——后排把式无此要求。把式舞一男一女串联成型，不管演员有多少人，尾随其后的是戴着面具的，反穿皮袄，右手拿烟拐、左手拿烟袋的"老爷"和右手拿小笤帚、左手拿布巾的"老婆"。把式帽俗称"凉壳子"，斗笠形，帽顶一撮红缨——其形与清朝兵卒所戴官帽极为相似。把式以"凤凰三点头"舞步动作为其特色，"三点头"时帽顶红缨随摆头动作左右摆动方为"行家里手"。"三点头"舞步动作，把式质朴飒爽、旦角摇曳多姿，颇有特色。

把式服是多元文化结合的产物。这个结合既是明清文化融合、发展的结果，是民族服饰变异的形象呈现，也是宫廷、民间文化碰撞的火花——这在旦角服中也有证实。

把式舞中的旦角上襦也是大襟棉袄，面料多以深绿、淡蓝、浅紫色为主色，淡黄、淡红色做缀。宽袖、下长过膝，有圆形沿口的高领，左右两侧开衩，内实棉花，袖口与棉袄开衩处有花边装饰。旦角裙幅以红、蓝两色为主，裙口宽大，上有刺绣纹样，下边一二寸部位以棕色、红色花边做压脚——有的是以花线做成的饰物做缀。

把式舞中不同年龄的旦角虽有不同的装扮形式，但其主要的佩戴饰物却很统一，这饰物就是"昭君带"。"昭君带"当地人又称"勒勒子"，传说为纪念王昭君而作，"昭君带"蝴蝶形，长5寸、宽2寸许，上有布花，布花两侧以扇形黄纸花做缀，佩戴后纸花自然打开，"昭君带"前摆是各色花线制成的饰物，演出中饰物随旦角的舞步动作左右摇动，纸花则上下飘动，既装饰了头部又增强了"女性"的妩媚美。"昭君带"由当地心灵手巧的老艺人手工制作而成，其技艺不为人道。

演出程式

高山戏文化不仅仅是讲究"四功""五法"的"演故事"文化，它还包括了以把式舞为其代表的"议事""走印""作揖"等诸多内容丰富的民俗文化。毫无疑问，对这些文化现象的研究是探究高山戏文化艺术产生发展、历史演变、音乐特性、戏剧语言、表演特征的基础与桥梁。

一、议事

正月的农村夜晚来得早，耍灯唱戏的日子时间似乎更紧。天色稍有晚意，热心的头人们已把"班长头"（把式舞队里的负责者）、高跷队长、掌灯负责人、"箱担"（负责保管衣服、道具的人）、"花匠"（负责做花船、狮子、掌灯与旦角头饰的人）、文物乐队领导等几十个人叫到农家准备议事。

身着宽大棉衣挂着长长烟杆的"戏母子"被请来了，围观的人们便在院中不约而同地让开一条窄窄的道，听着"戏母子"脚底下踩出来的吱吱雪声，恭恭敬敬地目送着"宽大棉衣"进了房门。

待"戏母子"喝了敬酒，品了浓茶，抽了旱烟，屋内才会安静下来——议事正式开始。"戏母子"听头人们介绍了演戏的缘由，班长头等人表达了演戏的决心后，便向头人询问"出灯"的具体时间、演出的天数等诸多问题。当细节解决后，"戏母子"就开始了分派任务。

（一）头把式、头旦负责把式舞"凤凰三点头"舞步动作与正月十四、

十五日请客"作揖"动作的排练，确定好"开门帘""打小唱"节目的演出人员。

（二）高跷队长、掌灯队长确定自己舞队演员人数，认真排练队形加紧练习唱曲。

（三）"箱担"弄清"凉壳子""大襟衣""昭君带"的件数、个数，做好戏衣、饰物的搭配工作。

（四）"花匠"加班赶做狮子、旱船、掌灯……

（五）文武乐队负责人应及时演练曲牌、唱腔音乐，随时听从带乐排戏的任务安排。

（六）头人们需做好上庙祭拜、客人接送等礼仪性工作……戏母子有条不紊地安排让屋里的人佩服得五体投地，连伸长了脖子，借着窗户上纸糊的缝隙时不时窥视的闲汉，也大气都不敢喘一声——戏母子老了，乡亲们敬他、爱他。是的！一个七八十岁的老人知晓近百支曲调，记得几十个演出"故

事"，除了说戏、导戏外，必要时他还得安排演戏前后的各种仪式性的活动，这，的确是不容易的事。

二、"出灯"

"出灯"，方言的意思是"灯唱演出的开始"。出灯的时间多在正月十二前后，出灯日子的确定是灯唱演出的负责人找本村的"阴阳先生"掐算而来——高山一带许多村子都有自村的"阴阳先生"。农人心中，这些人知天文、晓地理，所以看风水、祭祀、丧葬、婚娶的日期大多由他们掐算确定。

三、过关

出灯时的"过关"是一个庄严神秘的时刻。在阵阵的鞭炮声中，在此起彼伏的锣鼓声中，头人们跪在地上给神狮与把式"化马"（在神灵前烧纸当地人叫"化马"）吩咐喜话，其内容大致为"今年酬神唱戏，你们这些神通广大的神灵要保佑民众丰衣足食，保佑国泰民安、风调雨顺……"

让别人用腿在头上绕一周当地人叫"跷尿骚"。"跷尿骚"是武都民间比较流行的恶作剧游戏活动，这种活动大多限于同辈之间。虽是游戏但爱

面子的人一般是不允许别人的腿在自己的头上跨过去的。不过，在高山戏"过关"的时候让顶着神狮的人和把式演员用腿在自己头上绕一圈却成了求之不得的事，人们称之为"过关"。人们相信"过关"可以

驱逐一年的晦气，护佑来年的身体健康。因为如此"过关"时农人们不分男女老幼总会争先恐后地往舞狮人和把式演员的腿底下钻，舞狮子人与把式演员此时也不管跪着的是大叔叔、二婶子、三姨夫还是六姑妈，放下辈分观念撒开腿脚只是一个劲地"跷"。跪得虔诚，跷得自然也十分实在。

四、圆庄

舞队演员从农家屋里走出来围绕村庄走一圈人们称"圆庄"。"圆庄"有"画地为圈，圈保平安"的意思。人们希望通过神狮和附有神灵的把式围绕村子走一圈后，别处的妖魔鬼怪不得进来，从而可保村庄的安宁与太平。

五、上庙

戏是给神演的，所以上庙拜神必不可少。上庙时，头人们走在前面，他们集体跪拜、上香、焚纸，告知神灵唱戏缘由与目的后，把式舞队中的头把式、头旦，二把式、二旦，三把式、三旦就在鼓乐声中跳"凤凰三点头"，然后跪拜、作揖、焚香。场面庄重威严。

六、走印

"走印"即是在打麦场地或田间地头走一个"佛法僧宝"印章图样。这个印章除了表达祥和祝福的意思外，更重要的是具有"扶正祛邪"的作用。因为是用脚印在麦场走字，所以演员怎样入场，入场后走几步转弯，最后怎样出场都有严格的要求与讲究。掌握这一技巧的是"灯头"。"灯头"是走在舞队前面带头的人——此人除了有一定的家传技艺外，还得有一定的文化知识，其技艺不为外人道。

把式舞队"走印"所走字属"九叠篆"。九叠篆又称上方大篆，唐宋以来多用于官印，笔画反复折叠，盘旋屈曲，点画皆有纵横两个方向，填满空白部分，求得均匀。九叠篆盛行于唐、宋、元、明，今已鲜为人知。

七、踩台

场地表演结束，演员一边歌唱，一边登上舞台开始"踩台"。欢快激昂的锣鼓伴奏配合英姿飒爽的"凤凰三点头"舞步，场面热闹非凡。当地人把舞台上全体演员这种载歌载舞的演出叫"踩台"。"踩台"是伴随唱曲【戏秋千】与"凤凰三点头"舞步动作，在台上三进三出的集体性亮相。

八、灯官说灯

"灯官"是"管灯"的"官"，上庙时要说喜话，舞台上也要说喜话。灯官的说词随着时间、地点的不同而有变化。不过，由于多年的舞台积累，许多地方的灯官词也有了一些固定模式。

九、开门帘

"开门帘"表演程式是：
把式上场——把式独白——把
式和旦角对白——把式和旦角
对唱——旦角出场——旦角和
把式"转花子"——旦角、把
式先后下场。

作为妙趣横生的夹白歌
舞，"开门帘"是高山戏"戏"前的必须演出，这一程式化的演出较明显
地呈现了"舞"向"戏"演变的历史遗痕，是高山戏最主要的表演程式之一。

十、打小唱

"打小唱"是一个生角
两个旦角夹白歌舞的表演程
式。"打小唱"表演可在打麦
场地，可在街头巷里，可在农
家庭院，形式自由灵活。"打
小唱"演唱曲目是固定的【送
财】曲，【送财】曲节奏明快

流畅、曲词通俗易懂。"打小唱"节目除有"送祝福""讨喜庆"的目的外，
很多时候也有向主人家讨要钱物的营利性质。

十一、演故事

高山戏"故事"的表演，除了有"四功""五法"的要求外，也有许多
自己的特点，这些特点主要表现在以下方面。

1. 反映场景，不表现故事情节的"过场"表演

高山戏所谓的"走过场"指的是在"故事"演出中特定"场景"的特定
表演。举例来说，某一剧目第一场中有男子甲"走路"情节，男子甲则唱【路
曲】。同一剧目中的第三场，男子乙若有"走路"情节，男子乙也唱【路曲】。

唱曲一样、表演雷同、舞美设计几乎不变。

"过场"演出在"故事"的展开中起到的是衔接、纽带的作用。这个"纽带"因为是程式化的表演，所以，在多年的传承中农民演员对其能熟记于心，这样一来"故事"的排演就不费事。至于人物形象的塑造、矛盾冲突的开展当在"纽带"以外的情节中加以展现。姑且不论这一程式化舞台表演的优与劣，可肯定的是，在无本演戏的传承中这种表演形式的确起到了一定的文化延续的积极作用。

2. 曲牌、唱腔的固定使用

高山戏曲牌、唱腔较固定的用法大致表现在："过场牌子"曲牌类，有曲无词，在前奏、间奏、尾声处多被运用；"过板"唱腔在行走时运用；"开门帘""曲曲腔"属抒情性唱腔，多在矛盾、迷茫、感慨、抒怀等情绪波动不大的时候使用；"哭腔"属伤音类唱腔，在愤慨、忧伤、恸哭时使用；"花花腔"属"欢音类"唱腔，在表达喜悦、欢畅等情绪时运用；"耍耍腔"是特定情节下才可运用的唱腔——它包含的内容较广，比如【要钱骨碌】唱曲只在要钱赌博故事情节下使用，【启神赞】【毛红】在拜神、祭祀等情节下使用等。

3. 被称为"满台吼"的帮腔与"吆嗬嗨"衬词的运用

帮腔是戏剧音乐表现的手段，它有衬托演员的唱腔、渲染舞台气氛，叙述环境和剧中角色不便启齿却又不能不说的内心独白、抒发人物的内在感情、对环境的描绘和以第三者的身份对事件、人物作出评价等多种功能。

高山戏的帮腔当地老百姓叫"满台吼"，形式大致有唱前帮、唱后帮、前后句帮、整段帮等。高山戏的唱腔还有一个明显的特点就是大量衬词的灵活运用。高山戏衬词有哎、的个、咿、呀、吆嗨、咿呀嗨等许多个，其中以"吆嗬嗨"为最多。"吆嗬嗨"在当地方言中是一个不表示实在意义的词，但按当地语言习惯"吆嗬嗨"却似乎是一个比其他衬词更灵活、更容易宣泄情感的词类。

武都高山戏 2008 年申报为国家级非物质文化遗产保护名录，国家级代表性传承人尹维新，省级代表性传承人张会萍、尹社保，市级代表性传承人尹利宝、杨建军。

曲牌唱腔

曲一

1=F 2/4 1/4 3/4

| 6̣ | 3 3 5 | 6̣ | 6̣ | 2· 3 | 5 3 5 | 1/4 5 |

翻　山的个　越　　岭　哎　是　又　过　　哎
担　上的个　担　　子　哎　是　钉　缸　　哎
低　头的个　走　　来　哎　是　抬　头　　哎
大　路的个　不　　远　哎　是　在　眼　　哎

| 2/4 3 2 3 | 5 | 3· 3 | 5 3 5 | 6 － | 1/4 5 | 6 |

河啦　　哎　哎是　过河　　哎　　吆　嗬
钉缸　　哎　哎是　钉缸　　哎
看啦　　哎　哎是　看啦　　哎
前啦　　哎　哎是　眼前　　哎

| 5 | 6 ‖: 2/4 5· 3 | 5 3 | 3/4 2 3 1 | 1 2 3 2 3 :‖ (6̣ 3 2 1 | 2/4 |

吆　嗬吆嗬　咦吆　吆嗬嗬哎

| 6̣ － |) 6· 7 | 5 | 2 | 3 | 3 2 1 | 4 |

哎咦吆　吆嗬咦吆的

| 6̣ － | 6 7 | 6 7 6 5 | 3 6 | 5 6 5 3 | 2 5 | 3 5 3 2 |

吆　吆嗬咦吆么　吆嗬咦吆么　吆　咦吆么

| 1 3 | 2 3 2 1 | 1 | 6̣ | 6 － | 6 － ‖

吆嗬　咦吆么　吆　嗬　嗬

曲二

小桃红

1=F 2/4

轻松欢快地

<u>6</u>	6	<u>5</u>	6	6	<u>7</u>	6	<u>5</u>	6	—
李	花	我	只	觉	心	欢		喜	

<u>6</u>	6	<u>5</u>	3	6	<u>5·</u> <u>6</u>	<u>5</u> <u>3</u>	2	—
迈	开		大	步	走 得	急		

<u>2</u>	2	<u>3</u>	5	6	<u>5·</u> <u>6</u>	<u>5</u> <u>2</u>	3	—
见	了		妈	妈	把 话	提		

<u>6</u>	5	<u>3</u> <u>2</u>	<u>1</u> <u>2</u>	3	<u>5</u> <u>3</u>	<u>2</u> <u>1</u>	<u>6·</u>	—
丰	收	的	成	果	说	仔	细	

曲三

观灯

1=F 2/4

轻松欢快地

<u>6·</u> <u>7</u>	<u>6</u> <u>5</u>	<u>6</u> <u>7</u>	6	<u>6</u> <u>5</u>	<u>3</u> <u>3</u>	<u>2·</u> <u>1</u>	<u>6·</u>
正 月	里 来	正 月	的	正	呀		
红 灯	挂 在	阶 州	的	城	呀		

2	<u>1</u> <u>2</u>	<u>3</u> <u>5</u>	3	<u>3</u> <u>2</u> <u>1</u>	<u>6·</u> <u>1</u>	<u>6·</u>	—
家	家 户	户 挂	红	灯			
姐	弟 三	人 来	观	灯			

曲四

进状元

1=F 2/4

欢快地

| 3 5 6 | 3 5 6 | i 6 5 3 | 2 — |
正 月 里 来 正 月 连

| 3 5 6 | 3 5 6 | i 6 5 3 | 2 — |
家 家 户 户 过 新 年

| 3 2 1 2 | 2 3 5 5 | 5 2 | 3 2 1 6 |
小 情 哥 这 个 新 年 过 得 好

| 3 3 5 | 2 3 | 5 3 2 1 | 6 — ‖
过 了 那 新 年 进 状 元

曲五

十把扇

1=F 2/4

欢快地

| 5 6 5 | 6 7 6 5 3 | 3̇ 5 6 i | 6· 5 3 |
一 把 的 扇 子 将 哎 一 份

| 3 6 3 5 | 2 3 1 2 | 5 3 2 1 6 | 6 — ‖
将 有 的 张 老 一 个 哎 人

| 2· 2 1 2 | 3 3 | 3 6 3 5 | 2 3 1 2 |
杨 柳 叶 儿 青 哎 将 有 的 张 老

| 5 3 2 | 1 6 | 6 — ‖
一 个 哎 人

新编高山戏表演唱

八姐妹学十八大

1=F 2/4　　　　　　　　　　　　　　　　　　　　　词曲　尹利宝

热情欢快地

```
6· 6  6 6 | 6 6  6 6 | 6· 1  6 5 | 3· 5  3 2 |
1 6  1 2 | 3 3 3  3 3 | 6 3  6 3 | 6 3  6 3 |
3 3 5  3 2 | 1 6  2 1 | 6 6 6  6 6 | 6 6  6 6 |
3 6  3 6 | 3 6  3 6 ) | 3 5  6  5 | 6 7 6 5  3 5 |
```
　　　　　　　　　　　　　　　　　　　太　阳　的　出　来
```
3 5  6  5 | 6 7 6 5  3 5 | 3 5  6  5 | 6 7 6 5  3 |
```
亮　哎堂堂　哎　　　亮　哎堂堂　哎
```
X X  X | 6  5 | 3 2 | 1· 2  3 | 5 3  2 1 |
```
　　　　　　八　姐　妹　赶　路　赶　得
```
6  - | 3 5  6  5 | 6 7 6 5  3 5 | 3 5  6  5 |
```
忙　　一　路　的　风　　景　没　顾　得
```
6 7 6 5  3 5 | 3 5  6  5 | 6 7 6 5  3 | X X  X |
```
上　哎　没　顾　得　上　哎
```
6  5 | 3 2 | 1· 2  3 | 5 3  2 1 | 6  - |
```
十　八　大　精　神　记　心　上
```
5· 3  5 3 | 2 1  6 | 1· 2  3 5 | 1 2 1  6 |
2 1 2  3 5 | 3  3 5 | 1 6  2 1 | 6  - |
```

【做，学习党建。
【伴奏音乐起。
【舒缓地

6 － － － | 3 6　 3 6 | 3 － － － | 6 3　 6 3 |
【速度还原。

6 66　 6 6 | 6 66　 6 6 | 6 6　 6 6 | 6 6　 6 6 |

3 33　 3 6 | 3 33　 3 6 | 3 6　 3 6 | 3 6　 3 6 |

1· 2　 3 5 | 3　 6 | 2　 1 21 | 6　 － |
【起。

甲　姐妹们哎——
众　哦——你说！我们听着哩！
【数板。
【数板音乐。

6· 5　 6 i | 3 5　 6 | 5· i　 6 5 | 3 2　 1 |

3· 5　 3 5 | 6 1　 2 | 3· 5　 3 2 | 1 6　 1 |

甲　八姐妹学习十八大　　　人老眼花记不下
乙　记不下　慢慢学　　　抱根铁棒慢慢磨
丙　铁棒磨成绣花针　　　十八大精神记心中
众　哈哈哈哈——
A　我娘娘吆——那么家学可太慢了！姐姐们！
　　十八大精神讲得欢　　　建成小康意志坚
B　互帮互学谋发展　　　共建和谐大家园　大家园

6765　 3 5 | 6　 6 | 6765　 3 5 | 6　 － |
十 八大 精　 神哎 讲　 得　 欢

6 67　 6 5 | i 65　 3 | 5　 6 i 65 | 3 － |
建成 哎　 小　 康 意 志 坚

5· 5　 2 3 | 6 6　 6 53 | 2 2　 1 2 | 3· 5　 2 1 |
互 帮 互 学 谋 发 展　 共 建 和 谐 大 家

6　 －（| 6· i　 5 | 2　 3 | 3　 2 1 | 6　 －）‖
园　 哎 咦 吆 吆 嗬 大 家 园

6 6 56 | 7 76 563 | 56 i 2 7653 | 6 - |
春风   吹   进 穷 山   窝

5·3 6 65 | 6532 1·2 | 656 3532 | 32 1 2 |
惠民 政策 暖心 窝 暖 心   窝呀

5·3 2321 | 21 6 - | 3212 33 | (1612 33) |
暖 心   窝哎   跨越式 发展

3565 66 | (7653 66) | 3·5 6535 | 2 2 3 |
指方 向哎   指 方 向哎

765 66 | 532 33 | 665 35 | 5632 1·2 |
哎哎嗨 呀呀 哎哎嗨 呀呀 多亏 党的 好领 导

5·3 2321 | 21 6 - (| 5653 2321 | 6535 66 |
好 领   导哎

6535 66 | 5675 66 | 335 2321 | 6121 6 ‖

甲 妹妹们！学习工作两不误，孙娃们放学了，接娃走！

众 走了——

【在欢乐的音乐声中，下场。

（资料整理 尹利宝）

大身子舞

大身子舞，又称"大身子""大身武戏"，当地人称"耍大身子"，是高山戏傩舞表演的一种形式，流传于武都境内西汉水、白裕河流域。大身子演员戴面具扮演小鬼（牛头、马面）、周仓、关羽、刘备、吕布、张飞、曹操、蔡阳以及老爷、老婆等角色，以对白和斗武兼以唱腔的形式表演三国故事，戴上面具是神，摘下面具是人，演绎人们对三国英雄的顶礼膜拜，寄托心中虔诚的信仰。大身武戏发源于西汉水流域的鱼龙、隆兴、佛崖、甘泉等地，传承方式主要依靠戏母子口传心授、演员的演绎来呈现，到目

前为止，没有完整的剧本和文字记载。

2017年大身子舞申报为第四批甘肃省非物质文化遗产代表性项目名录。

大身子舞缘起

20世纪90年代以前，武都境内外大身武戏演出众多，在鱼龙最为盛行，譬如观音坝、阳山村、秋水坪、柏家沟村、成家山、杨坝村等都有传统的演出。近年来，只有鱼龙观音村、阳山村保留原生态的演出程式，其他村落已多年不曾演出。

鱼龙镇，位于县城东北部。东接康县平洛镇、望关乡，南与佛崖、甘泉乡相接，西连安化镇，北与隆兴、龙坝乡接壤。鱼龙地处高山地区，土地分布在海拔1582米至2790米之间，境内群山叠嶂，沟壑纵横。西北部山脉

向南伸延5个山头，南部山坡向北弯曲，形成"五山对五湾"之势；东部山坡有些超过75度，甚至悬崖峭壁，山谷狭长，而植被较好。20世纪以前的鱼龙地域偏僻，山大沟深，交通不便，流传几百年的大身武戏得以保存

下来。近年来，随着社会发展，交通便利，文化生活丰富，受影视文化冲击，大身武戏逐渐淡出了历史舞台。

大身子舞，历史悠久，文化底蕴深厚。以鱼龙观音村为例，观音庙里供奉神牌位上书"关圣帝君"可知：一、观音庙供奉的关羽属道教（"关圣帝君"是道教对关羽的称谓）；二、关羽的封号较多，明神宗万历四十二年（1614）封关羽为"三界伏魔大帝神威远镇天尊关圣帝君"，现称"关圣帝君"，可见大身武戏的历史至少可以追溯到明神宗万历四十二年。从观音村老庙牌匾上书的内容和落款"大清光绪癸卯十月初二"的文字可知，大清光绪二十九年（1903年）重新建庙，在建庙功成后大肆举办演出，此后陆续演出。

20 世纪 80 年代以后，每隔几年就会连演三年，1995 年至 2015 年间没有演出，2016 年属首演。

演出程式

大身子在正式演出前一个月左右，要召集原有的大小头人、戏母子、主要演员、村干部等相关人士，商议筹备事宜，称为"议事"。诸项事体商议妥当后，选出新的头人。戏母子和主要演员基本是家族传承，人员比较固定。各项准备工作分工明确后，各干其事，紧锣密鼓地开展剧目排练、用品道具以及服饰的采购制作、戏台搭建装饰、人员组织联系等。各家各户也要比平常过年更多地办好年事，以备更多客人来访。大身子舞，在元宵节前后演出，大致在农历正月初十左右开始到正月十六结束，大多数时间在白天演出。每天上午 9 点过后开始下午四五点结束。

大身子演出程式分台下和台上，台下有出将、过关、走印、圆庄、叫场等程式；台上演出《三英战吕布》《斩貂蝉》《斩蔡阳》《刘备坐朝》《打梁山》《抢营》等，大身子演出以武场和对白为主，也有少量唱腔。

一、出将

就是大身子舞演出开始的程式。旗头、号手、大身子扮演者、把式舞演员等提前齐聚寺庙里穿戴装扮。准备就绪之后，时辰已到，头人示意开始出将，寺庙外锣鼓喧天。这时，庙门关闭，庙内庙官跪拜在关圣帝君塑像（或牌位）前焚香化马，吩咐喜话，旗头、号手、大身子演员逐一向关老爷磕头上香之后，所有庙内的演职人员高声狂喊"挥——招——"（挥招，意即挥动武器、变换招数），一声接着一声，一声比一声高昂，一声比一声急促……一声声呐喊中，寺庙外空气凝聚，气氛骤然紧张，观众屏气凝神心跳加速。据老人传说，曾经有人被这呐喊声吓晕在庙外。当地老人说，这样呐喊

就是为了增强神秘感。

呐喊进入高潮，庙门突然打开，旗头右手挥舞红色大彩旗、左手持虎头牌位和秦琼敬德面具走出，鞭炮轰鸣，嘹亮的号角声中，依次走出竹马子、号手、小鬼、周仓、关羽、刘备、吕布、张飞、曹操、蔡阳以及老爷、老婆，之后跟随把式舞队。

武将走出庙门就不再喊"挥——招——"，而由专管演员出行的名为"地方"的人喊，"地方"每喊一声"挥招"，号手吹响号角，大身子则停止走动，变换手中武器的招式进行"扎势"（摆放动作姿势以形成武将气势），此后过关、走营、圆庄等程式中，大身子基本都是以这种模式行进。最后一位演员走出庙门后，出将仪式结束。

二、过关

出将程式之后，寺庙外沿路跪着好多善男信女等待"过关"。大身武戏中的过关，就是大身子中的小鬼和关羽给跪拜之人"跷尿骚"，同时接受过关的人在小鬼、周仓、关羽裙摆上别上系着线的绣花针。接受"过关"的人，一般是多灾多病、家里不太顺当的，据说接受"过关"可以带走所有的晦气，护佑来年的身体健康，家庭平安和顺。在过关程式中，其他演员在锣鼓节奏中或摇或摆或挥动武器，缓慢前行。

三、走营

在出将之前，全村每家每户派出一人扛一面彩旗，聚集在出将的寺庙前面，排成一列等候。出将时，旗头走出庙门，等候的扛旗队伍有序跟随旗头，走出村庄。过关结束后，大身子和把式舞队紧随扛旗队伍，浩浩荡荡热闹非凡的大身子队伍走出村庄，走向打麦场地或田间地头，进行"走营"程式。

大身子舞走营，大多走的是蜗牛长（zhǎng）角式的螺旋状，即先是满场地走一圈，然后圈子逐渐缩小，到全部演员走到一团时，又从圆心处原路返回，再走成大圈，即完成了走营仪式。这一过程的行走路线是在旗头的带领下完成的。走营时把式舞队演唱《出征》，歌词如下。

正月里来是新年，河州政态不安然，杀得人头如瓜滚，杀得人血泪成江。

二月里来龙抬头，我家周公发忧愁，大刀子磨得纷纷快，小刀子磨得绕天红。

三月里来正清明，一卷文书到北京，张家娃子文书到，保佑我家上出一征。

四月里来四月八，我家周公把兵发，步兵走了三十里，骑兵才出校场坝。

五月里来五端阳，把兵发在露台上，未从兵马行一步，草料儿担在粮台上。

六月里来热难当，把兵发在小京场，热得人马一起卧，这个苦难给谁说。

七月里来秋分凉，养下小儿需吃粮，慌乱年间行一步，何处大小哭一场。

八月里来月正圆，我出州官才安然，勒回马，转回营，各登原位各收兵。

走营结束后，在旗头的带领下，回到村子，进行下一项"圆庄"。

四、圆庄

在旗头带领下，所有旗手、大身子、把式舞队演员围绕村庄走一圈人们称"圆庄"。"圆庄"有"画地为圈，圈保平安"的意思。人们希望通过附有神灵的大身子围绕村子走一圈后，别处的妖魔鬼怪进不得"圈"来，从而可保村庄的安宁与太平。队伍所到之处，无不鞭炮轰鸣。

五、叫场

圆庄将村庄所有户落圈起来完整地走一圈之后，回到戏台前的广场上，再进行简单的走营，目的是在人山人海的场地里圈出一块空地，以便展开下一个程式——叫场。

叫场，就是在旗头的主持下，以喊叫的方式请出大身子舞班组成员出场亮相、展示武艺或才艺的演出程式。叫场的说辞主要在旗头，旗头说完喜话后，每每叫到一位（或一组）角色，该角色在武乐的伴奏下出场亮相，展示才艺。武乐手出场打击乐器，竹马子出场挥动花鞭走一圈，小鬼出场简单展示武艺后以游戏的方式逗乐全场，大身子除了展示武艺也有简单的说辞，

貂蝉（把式舞的头旦、二旦饰演）以把式舞旦角的摇摆舞步在场上小走一圈，最后出场的老爷老婆以滑稽幽默的方式说喜话、传递村人们的心声。出场顺序依次为武乐手、竹马子、小鬼、周仓、关公、刘备、吕布和张飞、曹操、蔡阳、貂蝉、老爷老婆。

《叫场》说辞如下。

旗头：雅静、雅静、挺雅静，社火场里听戏名，插下旗号摆下营，装了"三战吕布"耍庄村。

旗头：一耍庄村要清平，二耍耍到北京城，朝廷稳坐江山，黎民享太平。一耍风调雨顺，二耍国泰民安，三耍牛羊满圈，四耍四头八节，五耍五谷丰登，六耍田苗增长，七耍七方明净，八耍八方响亮，九耍人口安康，十耍瘟疫

带到天空之外。

旗头：开场、开场、早开场，开了场了修爷王，大哥为了南朝殿子，二哥为了东海龙王，三哥云中走马，四哥年纪幼小，五哥马上标枪，铜锣边鼓上场来。【武乐演奏】

旗头：一回下去二回来，秋风摆动戏凉台，铜锣边鼓才耍罢，奉请竹马子上场来。【竹马子圆场跑一圈】

旗头：一回下去二回来，秋风摆动戏凉台，竹马上场才耍罢，奉请小鬼上场来。【由小孩扮演的"牛头""马面"上场表演】

旗头：一回下去二回来，秋风摆动戏凉台，小鬼上场才耍罢，奉请周仓上场来。【周仓上场展示武艺】

周仓：周仓生得丑，一杆长枪不离手，山中飞禽不放过，豺狼虎豹难逃走。

旗头：一回下去二回来，秋风摆动戏凉台，周仓上场才耍罢，奉请关公上场来。【关公上场展示武艺】

关公：关公生得脸红，南山看见好似活龙，手持门扇大刀，一员好将。

旗头：一回下去二回来，秋风摆动戏凉台，关公上场才耍罢，奉请刘备上场来。【刘备上场展示武艺】

刘备：刘备生来本姓刘，骑上马来到幽州，手里拿下双股剑，打破阴山走幽州。

旗头：一回下去二回来，秋风摆动戏凉台，刘备上场才耍罢，奉请吕布上场来。【张飞性急，眼见吕布上场，奋勇迎战。张飞、吕布展示武艺】

张飞：张飞生得腰膀宽，杀得吕布进退难，长枪守在河南府，钢鞭打破虎牢关。

吕布：吕布生得笑嘻嘻，头戴三叉紫金冠，说我吕布没本事，八棱桥上等张飞。

旗头：一回下去二回来，秋风摆动戏凉台，吕布上场才耍罢，奉请曹操上场来。【曹操上场展示武艺】

曹操：黄眼珠子响亮晶，气死我曹操老大人，马上骑的前头打，地下走的吵闹声。云间装它三五个，袍袖再打百万兵。

旗头：一回下去二回来，秋风摆动戏凉台，曹操上场才耍罢，奉请蔡

阳上场来。【蔡阳上场展示武艺】

旗头：一回下去二回来，秋风摆动戏凉台，蔡阳上场才耍罢，奉请貂蝉上场来。【貂蝉上场表演】

旗头：一回下去二回来，秋风摆动戏凉台，貂蝉上场才耍罢，奉请老爷、老婆给众人说喜话。【老爷、老婆上场自由发挥，吩咐喜话、逗笑为主要表演形式】

六、踩台

就是场地演出程式结束后，所有演员依次登上舞台，并在台前幕后三进三出的集体亮相程式。这一程式中，演员们在文武乐器伴奏下载歌载舞，演唱《踩台曲》，场面热烈欢快又神秘。

七、剧目表

舞台上，大身武戏固定演出剧目有《三英战吕布》《斩貂蝉》《斩蔡阳》《刘备坐朝》《打梁山》《抢营》等，这些剧目都是折子戏，演出时间较短；不固定演出剧目有《清水林》《张良卖布》《卖货郎》等传统剧目。现就《斩貂蝉》剧本附录如下。

斩貂蝉

关公（白）：关将军坐宝帐，高声喊叫，喊叫一声貂蝉女上前来。

貂蝉（唱）：貂蝉女才听见，速忙打扮。上穿起花红袄，锦绣的罗裙；头顶上绮团花，闪闪动动；十指剪，润龙骨，樱桃口，盖世的爱人。

貂蝉（白）：关二爷在上，传奴家为甚事？

关公（白）：我不问那前朝并后患，我单问那今传古上吕关张行事和我谁是谁非？

貂蝉（唱）：说起那前（来）朝必有后患，盘古王他出世初分天地，耀三皇并五帝，三皇五帝治世的乾坤；神农朱，治五谷，人民可养；选元君，和其政，其道如今；后生下诸侯女，诸蕃相争；十八国伍子胥，临潼斗宝；姜子牙遇周朝，八百余载；（叫）张良遇韩信，岁岁儿教兵。

关公（白）：骂你貂蝉一十七，三战吕布为了妻，行（háng）说东来行（háng）说西，说得是了饶了你，说得无是怎肯饶。

貂蝉（唱）：骂我貂蝉一十七，行（háng）说东来行（háng）说西，说得是了饶了我，说得无是怎肯饶。

关公（白）：骂你貂蝉贼奴，心又胆大，知天文识地理赛过宿星。说吕布他男子还在世，我虎牢关一把能打二五三军，十八国不许尔后投军，我问你貂蝉今是古，古是今传问貂蝉。

貂蝉（唱）：问我貂蝉今是古，古是今传问貂蝉。

关公（白）：我不问那前朝并后患，我单问那今传古上有多少好汉，再问那古今传上有多少能人？

貂蝉（旁白）：今传古上也没有多少能人，古传今上也没有多少好汉，今传古上关二爷手持大刀也是能人，关二爷手持大刀也是好汉。夸我吕布男子好汉，灭了我二爷的志气。

貂蝉（唱）：貂蝉女才听见，心怯胆颤。口问心，心问口，事到如今。一千岁刘皇叔，宽宏大量；二千岁文公武帝，藐藐他人；三千岁黑脸王，人人可怕，弟兄三个盖世的英雄。

关公（白）：西北角上半个月亮黑半个月亮红，唤周仓抬大刀不如斩了吕布贱妻。

相关制品

面具类：小鬼、周仓、关羽、刘备、吕布、张飞、曹操、蔡阳以及老爷、老婆、秦琼、敬德。

武器类：铁枪（或斩马刀）、青龙偃月刀、双股剑、丈八蛇矛、方天画戟、倚天剑、大刀。

服装类：武将装扮，仿三国英雄制。

（资料整理　王福忠）

三仓灯戏

三仓乡位于陇南市武都区南部山区，东依武都洛塘镇，南连文县玉磊镇，西接五库镇，北靠月照山，辖区 197.4 平方公里，约 1.4 万人。三仓乡峰峦叠嶂、山川秀美、地形复杂，素有"一山有四季，十里不同天"之说。

"三仓灯戏"又名"三仓花灯戏"，其名与"迎灯"的习俗和戏台前所挂的两个大花灯颇有关联。三仓灯戏是近年来武都新发现的很有文化价值的地方剧种，灯戏从每年农历六月六日开始准备到正月十六日结束，历时 220 天，其基本内容分晒衣、议事、排演、搭台、迎灯、唱戏、送灯等。讲究多、场面大、特色鲜明。

一、晒衣

农历六月初六，是民间传统的晒衣节，也是下届灯会开始演戏的启动日。这天，灯会成员（一般一户一人）便自觉参与服装、道具的缝补、擦洗、晾晒及整理工作。头人（即戏母子）届时安排下年春节应演出的全部剧目及对应的角色（白天6部，晚上4部，共10部剧目，主角都要从头到尾参加），如牵涉无文字记载的传统剧目，演员即主动谦虚请教，头人则口传心授，直至全部掌握。从这天起到年底，为演员进入角色、背记台词、自练动作阶段。

二、议事

平常，无事不议，有事则议。腊月初八却是雷打不动的议事日。议事内容：汇报台词背记情况、微调剧目及角色、民主制定章程规约、明确责任、筹集款项、安排其他具体事宜等。

三、排演

正月初二至初九，在各户轮流排练和预演。入户要整队、鸣锣、吹号，户主出门放鞭炮相迎。排演前必须先"开财门"，主人以烟、酒、茶款待。其间直至结束（共15天），以鸣响大锣为号，统一吃饭（俗称灯班子饭），家家参与，户户做饭，一天两餐，每户一顿，各家都要置办最好的饭菜和上

等烟酒（演员严禁喝白酒）。原来，凡是演职人员都得赴筵就餐，没有演职人员的家庭，只做不吃。后来，规定每户参加1人，且标准不定，自觉自愿。酒足饭饱后，头人（或委托人）按惯例，还要说吉利话。

四、搭台

正月初十早饭后，锣响人到，分工明确，搭建、装饰戏台，悬挂恭灯，张贴楹联，布置幕帐。若逢大庆之年，还要在村口用香柏枝和彩旗设置楹门，

张贴庆祝标语。一切就绪，便各自回家，户户挂灯，家家有联。

五、迎灯

初十晚饭后，除老年人和儿童外，每户至少一把纸糊灯笼（现多用马灯）及香蜡纸，到戏台前报到整队，待天黑迎灯。出发前，由头人指定锣鼓手、号手、鞭炮手、烟花手及领队，要求全程锣鼓不停，炮声不断。从戏台出发，经庄头上东山，过两湾绕一梁，路过土地庙，点蜡、上香、焚纸毕，再顺梁下至南山脚，便有人接灯问话，锣炮暂停片刻，领队代表天神（五谷神等）送福于民间，口头交接并扬声说吉后（约10分钟），锣炮复鸣，经庄村返回戏台，这时，各家门前都要放鞭炮、焚纸、点香接灯（约60分钟），灯手全部绕台亮相后，在后台准备换装演出。全程约3公里，需3—4小时。

从迎灯到送灯的每晚，当地妇女还有做五谷神（也叫背斗神）的习俗，即用新背斗、新衣帽做成五谷神，以点头摇头卜知庄稼歉丰、生儿育女、寻人找物、前途命运等，其乐无穷，直至通宵。

六、唱戏

正月初十至十六，共演6天4夜。按惯例，若无个人灯愿，十一日这天就是公假。白天从十二日开演至十六日共5天，每天有《华折子》和大戏一部，

时长3—5小时，晚间，只演初十、十三、十四、十五共4晚4部大戏，每晚时长为2—3小时。服装、道具有专人穿配和管理；化妆一般都是自己化妆，无专人；戏母子只能在后台指挥演员上

下，不管台上动作和台词，如有忘记，只能临台发挥。不管白天还是晚间，剧终后，演职人员都要列队打锣前往预设坛场汇报、小结，并排演下场剧目（主要练习唱腔、动作和台词）。

七、送灯

到了正月十六，整个程序将近尾声，晌午时分，剧终幕落，摘灯拆台，场面沉重，流连不舍。午后擦黑，鸣锣醒炮，一户一人，一手拿香蜡纸，一手拿火把（或灯笼），念念有词，随手关灯闭门（送灯人返回方可开灯开门），跑步西河边，点燃香蜡纸（含灯笼），跪地拜送迎（灯）请的各路神仙上天堂（俗称华州华县）。礼毕，悄然转身，轻脚无声（意在带走的噩运不因喧哗而附身），原路返回，开门开灯。此后一段时间（只限春季），锣不响、曲不哼、灯不说、戏不唱，只顾春耕生产忙。

历史传说

三仓灯戏文化源远流长，其起源暂有两种说法：一为"祖传香火"说，一为"杨戬赶山"说。

很久以前，三仓天灾不断，人们生活窘困，先人们只好以耍红灯、唱大戏的方式祈求神灵的保佑。于是，年年正月唱戏的习俗得以产生。三仓水沟坝元宵灯戏志记曰："呜呼，盛衰之理虽曰天命，岂非人事哉？水沟坝元宵灯戏，自吾先祖创立十多世，吾等承嗣先祖基业，时代相传无绝矣。"当地老艺人的回忆：三仓灯戏主要是艺人利用社火中的花灯唱曲自编、自导、自演一些小故事，这些故事多以娱神为目的，以历年来老艺人的口传心授为主要传承方式。

"杨戬赶山"说与上述说法相比更具神秘色彩：相传，远古时期三仓群山环抱，地域贫瘠荒凉，人民生活窘困。二郎神杨戬

闻讯后，奏请玉帝将山峦赶至荒芜之地，从而形成了八个近似盆地的产粮区，根据其地域特征人们把它们叫"三仓""五库"，意即屯方粮食的三个"仓"与五个"库"。因为有了"三仓"，有了"五库"，这里生活的人民衣食无忧了，他们便在农闲时节大修庙宇，通过耍红灯、唱大戏的方式酬谢神灵、庆祝太平盛世。

"祖传香火"与"杨戬赶山"的说法虽无确考，却也反映出三仓灯戏底蕴的深厚与历史的悠久。

剧目曲牌

三仓灯戏属曲牌体戏曲剧种，其唱腔哀婉凄楚的少，慷慨激昂的多。常见的曲目有【颂寿元】【怀胎歌】【送报条】【打彩】【闹五更】等。三仓灯戏的剧目承传下来的有《草鞋》《抓丁》《老爷赶考》《孟姜女》；移植、改编的有《白蛇传》《铡美案》《老换少》《小姑贤》《柳荫记》等不胜枚举。

三仓灯戏在武都三仓一带流传了数百年，深得民众喜爱，它优美流畅、健康向上的唱曲深得人心；许多传统剧目如《双干子》《媒保长》等具有明显的教化意义；其晒衣、议事、送灯等演出习俗是当地民众价值观、世界观、人生观的别样体现，三仓灯戏文化的保护和发展必将对构建社会主义和谐社会有一定的推动作用。

三仓灯戏2011年申报为甘肃省第三批省级非物质文化遗产名录，省级传承人尹成奋（已故），市级代表性传承人尹克富、尹永清。

（资料整理　尹克富）

秦 腔

秦腔流布在陇南各县。自从庙会兴起以后，群众便用秦腔唱庙会戏"酬神"。陇南历史上的十五六家专业戏曲班社和中华人民共和国成立后的八家公营剧团，全是秦腔剧团，都以演秦腔为主。陇南群众酷爱秦腔艺术，故秦腔占据陇南戏曲舞台，则成为历史的必然。据说，陇南在没有形成自己的戏曲班社以前，陕西凤县、宝鸡、汉中等地秦腔戏曲班社，都在陇南各地唱过庙会戏。至于武都的戏曲班社，经常到汉中、陕西等地聘请演员。

不论关中秦腔、汉调桄桄还是陇南秦腔，其基调大同小异，所唱板式，都不外乎花音慢板、花音二六；苦音慢板、苦音二六；二倒板、尖板、带板、摇板、双锤、滚白以及落音的留板、斜板、截板等，只是唱法有所不同而已。剧目也是大同小异，普遍流布的秦腔传统剧目，如《铡美案》《木柯寨》《破洪州》《串龙珠》《二进宫》《八件衣》等，几乎每家戏班都有。

在剧目方面，陇南各家戏班的总和，在一千多本。上至盘古开天辟地，下至当今社会，《封神》故事剧，列国故事剧以及汉、唐、宋、元、明、清，各个朝代的戏都有。其中有故事剧，也有历史剧；有神话戏，也有迷信戏；有精华，也有糟粕。如《大劈棺》《杀子报》《李翠莲上吊》以及阴曹地府、十殿阎君、小鬼判官、牛头马面等。在漫长的封建社会里，戏曲艺术既丰富了人民群众的文化生活，又被历代统治阶级所利用，向人民灌输了许多有害的东西。这种舞台丑恶现象，直到中华人民共和国成立后才得到澄清。

武都城内五座秦腔古戏楼

城隍庙戏楼

城隍庙戏楼位于隍庙街。据《武都县志简集》载："明隆庆间（1567 年）与城同建。康熙三十七年（1698 年）知州陈勋重修。"内有镇江王庙。巍峨辉煌的正殿外面为八卦挑阁的阁楼式戏楼，楼檐上悬着一副红底黑字匾额，上书"立见报施"四个大字，系明末农民起义军领袖李自成率军经过阶州时为城隍庙戏楼立的匾额。明清和民国时期的许多外地戏班，都在这座戏楼上唱过会戏或卖戏。中华人民共和国成立后 1955 年新华书店从隍庙街迁到莲湖后，改建军分区家属院时拆除。

关帝庙戏楼

关帝庙戏楼在城南。据《武都县志简集》载："明崇祯间（1629 年）知州王询建。"中华人民共和国成立后于 1953 年武都军分区扩建时拆除。

武庙戏楼

武庙戏楼。据《武都县志简集》载："在城内中街。清顺治间（1644 年）知州杨万春建。"民国后期拆除。

财神庙戏楼

财神庙戏楼在西关。历史上叫"所城"，财神庙又叫"泰山庙"；建年不详。据《武都县志简集》载："由前巩秦阶道龙锡庆重修。州守叶公又重修，鼎建戏楼一座。"（注："巩秦阶道"即管辖巩昌府秦州、阶州道台官）中华人民共和国成立初期扩建武都城关第三小学时拆除。

吕祖庙戏楼

吕祖庙戏楼，过去又叫周武王庙。据《武都县志简集》载："明知州余新民建。"中华人民共和国成立后拆除。

武都近代上的戏曲班社

武都历史上的第一家戏曲班社

武都城区历史上的戏曲班社，民国七年前无从考稽。据《武都县志》记载，明代已有戏楼。民国七年以后，陕西汉中地区天旱，一些戏曲艺人逃荒来到甘肃武都。武都城里有两位爱好秦腔的人，一位叫张文明（外号张大旗），一位叫赵国柱。他俩将外流秦腔艺人召集起来，组织在"戏坊"清唱。"戏坊"就是戏曲艺人联系活动的场所，在万寿宫（五一剧团后院）。后来，张文明自筹资金，购置了一副小型戏箱。这时，汉中又来了一伙"软包袱戏班"（所谓"软包袱"是指艺人自带的戏衣行头）。著名演员有来娃子，20多岁，主演花旦；杨班长，艺名常灵子，主演须生；寇班长主演大净等，共六七人。张文明全收留在"戏坊"与原来的艺人合并，组成武都历史上第一家戏曲班社，每晚登台演出，在阶州城轰动一时。连演一月不唱重戏。一年后，还被请到农村演出，凡有戏楼的地方，都去过，尤其是来娃子、常灵子、寇班长等，在群众中影响很大。1921年，赵国柱又从外地请来著名丑角豆班长、须生郑班长以及马成子、白班长、曹洪有、童实等，对戏班又进行了充实。十多年后，来娃子、常灵子、白班长等人先后病逝，马成子、曹洪有等落户康县。这家班社解体。

洛塘区"宝中社"

武都县洛塘区武装土豪周富银戏班，约组建于民国前期。据说这家戏班原属当地另一武装土豪杨占义的。杨占义戏班约建于清末民初。后来周富银势力壮大了，集结武装力量100余人，枪支100多条，并有10多挺机关枪。在武都洛塘一带的山林地区划地为王。国民党武都专员无可奈何，就封为区长，管辖洛塘区12个乡和康县太平乡等地，企图利诱招安。周富银便一举消灭了杨占义，戏箱取而代之。共8个戏箱，80余名演员，绝大部分是汉中人。戏班取名"宝中社"。

上演剧目有《铡美案》《八件衣》《游西湖》《长坂坡》《水淹七军》

《回荆州》《草船借箭》《三英战吕布》《白门楼》《黄河阵》《白蛇传》《梁山伯》《目连救母》《济公传》《孙武子过沙江》《鸳鸯楼》《大登殿》《伍员逃国》《收姜维》《鞭挞平王》等 100 多本。

"宝中社"最兴盛的时期为 1939 年到 1941 年。当时演员达到 120 余人。戏箱由原来的 8 箱增加到 12 箱。在四川的广元、成都等地开过戏园；到陕西的汉中、青木川等地跨省演过戏。经常在武都的五马、洛塘、琵琶、三仓、五库和康县的阳坝、豆坝一带演戏。1940 年该团一分为二。分团后实力减弱，许多大戏演不开。景况逐渐萧条。1942 年又合二为一，戏班到武都城严官亭子戏楼上唱过戏，演过《琵琶记》《游西湖》《回荆州》等，演出水平不错。

戏班实行自负盈亏。戏箱靠"份子钱"（即分红时给戏箱留的一份）添置，不够的由周富银补助。如不外出演戏，就在五马关帝庙戏楼上唱卖戏。生活穷苦，上台演戏，下台就住在戏楼下的麦草铺里。1943 年 11 月，戏箱由国民党保安六团运走，演员解散，"宝中社"宣告结束。

到武都城区演出的外地班社

1933 年，"化民社"从天水来武都演出。戏衣、行当齐全，演出水平颇高。尤其是须生赵富国，因右眼有毛病，人称"单照儿"，扮演《辕门斩子》中之杨延景，《出五关》中之关羽，最受观众欢迎。

1935 年，康县阳坝土豪魏成第的"同音社"，在武都城区关帝庙戏楼演出。该社有位科班出身的旦角演员三娃子，唱腔表演俱佳。扮演《梵王宫》之耶律含嫣，《法门寺》之孙玉姣，观众称赞不已。

1932 年至 1942 年，先后到武都城区演戏的有洛塘武装土豪周富银的"宝中社"和陕西汉中来的"兴中社"。这两家戏班的实力都很雄厚。"宝中社"在阶州城隍庙舞台上演出连台本戏《西游记》，扮演孙悟空的林班长（即林相庆），把孙悟空的聪明机智、灵活好动、疾恶如仇的性格，表演得淋漓尽致，群众誉称"美猴王""活猴子"。"兴中社"的大花脸杨中福，演技精湛，抬脚动手都很优美。身高体大，豹头环眼，嗓音宏厚，字正腔圆。他扮演的包公、贾似道、严嵩等角色，给观众留下了极深的印象。

1944 年秋，国民党武都驻防军保安第六团团长董怀祖，从他家乡通渭县调来一班戏在武都城区演出。演出阵容平常，但须生陈凤鸣、旦角魏蝶西却是不可多得的秦腔演员。陈凤鸣文武兼备，扮演《潞安州》之陆登，《三打洞》之孙伯雅，《哭五更》之王瑄等，能表现出不同角色的不同性格。魏蝶西所扮演的人物形象各具特色。尤其在《二度梅》里扮演陈杏元，当演到《重台赠钗》及去蕃途中行到胡汉交界处之雁门关时，见胡尘飞沙，满目凄凉，遥望南国，家乡渺渺，后台用唢呐吹了几声雁叫，唱道："……孤雁声声催人行，不由我断肠碎心……"感情真挚，表演细腻，全场观众鸦雀无声，无不为之感动。这家戏班在武都演出一年，于1945年底返回通渭。

1949 年 5 月，国民党三三八师驻武都时，随军带来一个剧团。演职人员多系汉中人。其中有一位坤伶宁素琴，无论音色吐字，抑扬顿挫，情韵俱佳。有看过兰州九龄童戏的人都说还比不上宁素琴。这是武都城区戏曲舞台上第一次登台的女演员。这家剧团随着解放战争的胜利，国民党陇南绥靖公署的溃败而散伙。

五一秦剧团

甘肃省武都地区（现陇南市）五一秦剧团的前身是武都分区文工团。该团筹建于 1949 年 9 月。武都分区文工团于 1950 年 1 月 8 日，在武都西关佛教会正式成立。1950 年春，中国人民解放军入川部队 62 军 4 连指导员田鱼跃将四川南坪县青木川魏辅堂的"辅仁社"戏箱没收，移交给甘肃武都分区文工团。1950 年 8 月，岷县分区划归武都，岷县分区文艺工作队与武都分区文工团合并。

文工团成立后，开始赶排现代戏与新编历史剧，为庆祝武都解放，排演的第一本戏为大型新编历史剧《鱼腹山》，在武都隍庙古戏楼首演，一炮打响，轰动全城。

1953 年 6 月武都分区文工团改为"武都地区五一秦剧团"，由公营转为国营。

1955 年 5 月，岷县五四剧团撤销，演员连同戏箱合并于武都地区五一秦剧团。"五四"与"五一"合并后，实力雄厚。

1957 年 2 月，五一秦剧团用半年多时间，实行第一次长途巡回演出。

从武都出发，经岷县、合作、夏河、陇西、天水、甘谷、武山、定西到达兰州。在巡回途中，还排演了靳伟改编的大型秦腔古典剧《卖花记》和大型神话剧《黄河阵》。

1958年秋，天水、武都两地区奉命合并，地区设在天水市，武都地区五一秦剧团与天水地区秦剧团于8月1日合并，团址设在天水市，更名为"天水地区五一秦剧团"。合团后的天水地区五一秦剧团，演职员200多人。由于阵容庞大，遂分为三个演出队：一队在岷县片演出；二队在武都片演出；三队是个强队，除在天水片演出外，还肩负着对外演出任务。

1960年7月至8月份，天水地区五一秦剧团根据文化部的安排，从陕西省的咸阳、西安开始，经山西省的太原—大同，内蒙古的呼和浩特、包头，宁夏回族自治区的银川，最后到达甘肃省会兰州，跨省巡回演出一圈。这次跨省巡回演出，因在咸阳、西安时间过长，农历中秋节突然接到电报，命剧团返回休整，跨省巡回演出中途停止。

1962年元月，武都地区与天水地区重又分开，两地区合并后的"天水地区五一秦剧团"亦随之分开。原武都地区五一秦剧团的戏箱与演职员全部迁回武都，仍叫"武都地区五一秦剧团"。

1965年，到文县的店坝、范坝、庙山、博峪、碧口，康县的白杨、铜钱、阳坝等边远山区和四川、陕西的接壤地区乡镇演出。队员自带行李，自拉戏箱，自搭舞台，为边远山区群众送戏上门，群众称之为"山区的乌兰牧骑"。

1975年4月，文化部为纪念"5·25"举行现代戏调演。武都地区文工团的高山戏《开锁记》入选，进京演出。

1977年，恢复武都地区五一秦腔剧团，副县级建制。10月，传统戏恢复上演，首演大型新编古典剧《逼上梁山》，演出传统折子戏《出五关》《逃国》《打柴劝弟》《拾玉镯》《斩秦英》《女起解》等。传统戏被禁锢了十年之久，一旦开放，广大观众欢欣鼓舞，盛况空前。

1985年6月12日，武都地区五一秦腔剧团更名为陇南地区五一秦腔剧团，员工53人。2004年6月，更名为陇南市五一秦腔剧团。2012年5月底，五一秦腔剧团完成院团改制任务，将原有事业身份人员分流安置后，以院团资产为基础组建新陇南市百花演艺集团有限责任公司，为陇南市政府批准成立的国有文化企业，公司性质为企业管理，自负盈亏走向市场，照章纳税，自主经营，兴衰自负。

（资料整理　王福忠）

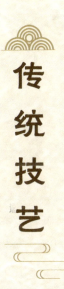

传统技艺

手工艺是一种创意打扮人们生活的文化，但随着人类现代生活方式的改变，许多曾经非常熟悉的手艺活已离我们远去。然而，这些手工艺品是蕴含人类文明之始的工艺文化。是一种满足人的物质及精神生活需要的造物艺术。

角弓呷杆酒

角弓呷杆酒及渊源

角弓呷杆酒亦称"罐罐酒"，盛产于武都角弓境内，以红谷、青稞、高粱等为酿酒原料，饮用时盛入陶罐煨火加热，用竹节杆子插入吸吮饮用，故称呷杆酒。

角弓呷杆酒始于唐代，已有近千年历史。角弓呷杆酒盛传地的朝阳洞曾出三佛（古称三仙），即唐代"坐仙"、宋代"立仙"、明代"睡仙"。当地有三位尊佛"柔日读经、刚日读史、无酒学佛、有酒学仙"的传言。朝阳洞有两株千年古青杨，当地人称为"神树"，上栖仙鹤，并有清泉从山涧流出。当地人用此泉水酿造呷杆酒已是千百年来之定俗。

角弓呷杆酒制作

酿酒原料：红谷、青稞、高粱、小麦等。

制作用具：大缸、小缸、大小坛子、大锅、木质酒锨、竹篓、麻袋、小竹竿、纯土烧制的小罐等。

制作工序：

一、将备好晒干的红谷、青稞、高粱、小麦等粮食除去秕粒及杂物，然后放入锅中煮，煮时掌握火候，火不可过大，也不能太小。

二、煮熟后马上摊晾在竹子编制的大蒲篮里，不停地搅动散热，待晾凉后拌入酒曲。酒曲分两种：一种为山林里采摘的香马草、米革弯等阴干后和麦麸、米糠加工而成，因为发酵慢称为"慢曲"，"慢曲"酿造的酒好喝不上头。另一种是购买的四川酒曲，称"快曲"，"快曲"所酿酒味烈色艳、香气浓郁。

三、酒曲拌好后捂上三至五天，待发酵后装入提前用蜂蜜涮好的缸中，并用圆木板或塑料袋密封。

四、几个月后（一般"快曲"三个月，"慢曲"六个月或更长），可将发酵后的酒醅舀入煨罐，加水，插入小竹节筒即可饮用。"快曲"酒浓烈醇香，使人精神爽快，"慢曲"酒醇香甜美，使人回味悠长。

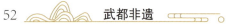

传承现状

　　咂杆酒色美味醇，具有滋阴壮阳、健胃消食、疏通经络、除风散寒等功效，是地地道道的绿色饮品。角弓咂杆酒传承至今有着悠久的历史文化，它承载着当地人民发展的历史痕迹，是角弓镇陈家坝、垢林坪、甘谷墩等村广为流传的消费习俗。

　　角弓咂杆酒于 2011 年申报为第三批省级非物质文化遗产保护名录。目前，省级代表性传承人为徐兰兰、徐苟凤等。

（资料整理　尹利宝）

武都蜂糖酒

传承与缘起

　　武都蜂糖酒，也叫蜂蜜酒，有人戏称"贵族酒"，因其酿制原材料造价高而得名，它是以小麦、玉米、杏仁为原料，用自制酒曲发酵，在酒坯中按比例加入土蜂蜜、采用传统酿酒方式酿造的酒。武都蜂糖酒流传分布于武都区鱼龙、隆兴、佛崖、安化、甘泉、三河、郭河、洛塘等十余乡镇，在秦岭、米仓山系高山林区和其他林灌地带富产蜂蜜的地域多有流传。武都蜂糖酒，历史悠久，流传分布区域广泛。受快节奏生活影响，目前，武都有少数村庄酿制，其他地区已罕见蜂糖酒。

武都全境属北亚热带大陆性湿润气候。由于地形复杂，垂直分布明显，具有亚热带、暖温带、冷温带三种气候特征，其主要特点是春、冬干燥、雨雪稀少；秋季多雨，6—9月份常有暴雨、冰雹。由于山川海拔悬殊，形成多层次的生态群。有"旱收山，涝收川，不旱不涝收半山"之说。解放前贫苦农民过的是"吃半年，跑半年，半年不跑饿断肠"的悲惨生活。

米仓山系高山地区，境内群山叠嶂，沟壑纵横。东部山坡有些超过75°，甚至悬崖峭壁，山谷狭长，而植被较好。野生动物有香獐、金钱豹、崖羊、青鹿、狐狸等。蜂类有蜜蜂（当地蜂和印度蜂）、胡蜂、马蜂、麻子蜂、土蜂、木蜂、马尾蜂、黄蜂、树蜂等，大部分分布于高山林区和其他林灌地带。

由于武都大部乡镇地处秦岭、米仓山系等高山林区和林灌地带，土产蜂蜜丰富，20世纪以前这里地域偏僻交通不便，自产蜂蜜除了食用外剩余的酿造成酒。这一习俗世代相传，赋予蜂糖酒明显的地域特色。

武都蜂糖酒采用传统手工作坊模式酿造，有三大特色：一是原料选用纯天然绿色食物；二在酒坯中加入土蜂蜜，土蜂蜜有保健美容、有益健康的功效；三是无任何添加。

武都蜂糖酒制作

制作原料：土蜂蜜、玉米、小麦和杏仁等。

制作用具：大缸、小缸、大小坛子、大锅、木质酒锨、竹篓、麻袋、小竹竿、纯土烧制的小罐、蜂槽、蜂斗等。

其制作工序大致如下：

1. 筛选上好的小麦若干斤；

2. 舂麦，将所选小麦分多次放入石臼捣掉皮壳；

3. 淘麦，将捣好的麦粒用清水反复冲洗干净，冲去麦麸；

4. 蒸煮麦子，把去皮洗净的麦子放入锅中，倒入适量水蒸煮，这时对水量和火候的把握很重要，要求达到蒸煮熟的麦粒水要恰到好处，水少易焦，水多易糊，一般老行家用擀面杖插进锅底，拿出后可从水分的多少判断蒸煮的时间；

5. 和酒曲，使用的酒曲是慢曲，比例是 100 斤粮食里加入 10 串酒曲（一般一串 5 粒），酒曲加入后将酒坯苫盖好，发酵 3 天；

6. 加蜂蜜，往酒坯中按 10% 的比例加入土蜂蜜，要求必须冷却后加入；

7. 装缸，酒坯晾凉后装入酒缸中，再倒入凉开水（倒到离缸口二寸左右为止）；

8. 封缸，缸口盖一圆形石板，然后用麦草泥密封严实；

9. 开缸，封存好的酒在阴凉处窖藏 10 个月以上（窖藏时间越长越香）即可

开缸饮用。

　　武都蜂糖酒秉承百年传统酿造工艺精髓，采百花之蕊蜜，酿五谷之精华，饮天然之琼浆。武都蜂糖酒天然无添加，入喉绵甜醇正、通体弥香、回味悠长。目前，武都蜂糖酒的酿造技艺全凭艺人口传心授传承，随着岁月流逝，其酿造技艺已面临失传的危机，亟待保护。

　　2017年武都蜂糖酒申报为第四批甘肃省非物质文化遗产名录。市级代表性传承人为本海燕。

（资料整理　王福忠）

武都民间织布技艺

武都民间织布技艺及缘起

　　武都民间织布技艺，是采用自制织布机、以麻为原料经过繁杂工序纺织布匹的传统手工技艺。用麻纺织的叫作麻布或"州布"（武都古时又叫阶州，州布，及阶州的布），也叫老粗布、老土布。武都民间织布技艺流传分布广泛，在武都境内主要分布在鱼龙、隆兴、安化、甘泉、三河、洛塘等十余个乡镇，在白龙江流域和西汉水流域都有流传。

　　武都民间织布技艺流传分布广泛，在武都境内主要分布在鱼龙、隆兴、甘泉、三河、洛塘等地。在白龙江流域和西汉水流域都有流传。

　　由于武都地域偏僻、经济生产落后，境内多产麻，自古以来民间以口传心授的方式传承织布技艺。

武都民间织布制作

相关制品：织布机、棒槌、木铡刀、铡刀；

纺织原料：胡麻、亚麻、
黄麻、剑麻、蕉麻等。

手织老粗布的织造工艺极
为复杂，当地老艺人传言：大
工序二十四道，小工序七十二
道。其主要工序如下：

1. 种麻，农历三四月间种植胡麻，俗语称"土旺不种麻"（谷雨前九日
与后九日为春季土旺日），据说土旺日种的麻易分叉；

2. 拔麻，农历八月左右拔麻，收麻时不割，要连根拔出，减少浪费；

3. 熟麻，也叫熬麻，将拔回的麻铺在地上雨淋日晒 10—15 天；

4. 铡麻，铡去胡麻的根和尖（尖部有胡麻仔，可以种植或榨油）；

5. 剥麻，先将去根去尖的麻秆用棒槌砸烂，再用木铡刀捣碎，然后在木
铡刀上捋去麻秆碎片，剩下整齐的麻皮和乱麻，整齐的麻皮用于纺线，乱
麻用于捻麻绳；

6. 纺线，一般进入冬天农闲时节纺线，纺好的线缠成圆坨存放；

7. 织布，织布时间大致在农历四五月（日照时间长、雨水少），织布工
序很多，有打线、落线、整经做纬、闯杼、掏综、拴机、织布等，用麻织
布在经纬交织时需刷上用荞面和荞皮做成的浆糊，起到润滑、硬线的作用；

8. 了机修布，麻布
织完后封好口子下机
后，还需修剪线头和
杂质；

9. 洗布，织好的布
运到有大石头的河边，
浇上水用棒槌砸着洗，
一方面洗去浆糊和碎杂

质，另一方面将圆秆的麻线砸扁砸平增加密度；

10.晒麻布，洗净砸平的麻布晒干后收藏或使用。

特点及传承现状

麻布用来制作麻布衫子、麻布褡裢和牲口驮运的口袋等。麻布优点很多，譬如耐磨强度高、吸湿、导热、透气性极佳等。从种植到手织布制品，无污染，不经化学处理、漂白、印染等，无任何化学成分，是真正的绿色环保产品；缺点是外观较为粗糙、生硬。

土粗布已有千余年生产历史，《武都县志》记载，解放前武都县人们的服饰简朴，除少数大财主能穿绸缎外，大多数人均穿自织土布。20世纪80年代，随着改革开放的推进，农村作坊式的麻布纺织方兴未艾。近年来老土布纺织只有耄耋之年的老人及个别年轻人比较熟悉。织布技艺濒临失传的困境已很明显，亟待抢救性保护。

2017年武都民间织布技艺申报为第四批甘肃省非物质文化遗产名录。市级代表性传承人为赵小红。

（资料整理　王福忠）

武都酸菜

武都酸菜,又称浆水菜,距今已有2500多年的历史。是采用芫根菜、芹菜、卷心菜、银钙菜、苦苣菜等普通蔬菜及山野菜,切碎淘洗后用沸水焯煮,再用清水淘洗干净,再次倒入清水拌入面粉后在煮开的浆水中略煮,倒入加有酸引子(就是发酵好的酸菜)的陶缸内,覆盖发酵。

武都酸菜主要发源于陇南市武都区农村地区,是流传分布于甘肃南部、陕西西部及四川北部广大地区的一种传统美食。

武都酸菜因其属于不加无机盐类,而是自然有机乳酸菌发酵的酸菜,与四川泡菜、东北酸菜以及榨菜等用无机盐腌制食品不同,其中不含亚硝酸盐类等对人体有害物质,故对人体健康无害。

中华传统中医记载:酸菜中的水为甘酸;甘酸养阴、敛阴,故有生津滋养作用,性微温而不伤胃。李时珍在《本草纲目》中记录:"酸菜调中行气,宣和强力,通关开胃,止渴消食,利小便,白肌肤,止呕吐,治泄痢。"后汉张机《金匮安略》中有"赤小豆当归散"一方,是用酸菜水煎煮或冲服的,具有解热排毒的卓越功效。另有"矾石散"一方,是用酸菜水把矾石融化洗足以利水消肿。据杨旻氏《酸菜史话》记载：酸菜成分中含多量的乳酸（乳酸钙），其味清爽适口，可防止维生素丙的破坏，又有呋氨酸钠，又有醋乙酯，具有清冽芳香之味。每日食一次酸菜（乳酸），具有抗衰老的功效。

武都酸菜具有四大特色：1.采用武都山区出产的无污染蔬菜及山野菜，山泉水，优质小麦粉，保证原材料绝对优质。2.采用传统方法纯手工腌制，保证生产工艺的原始性。3.陶缸乳酸菌自然发酵，不含盐更健康。4.成品嫩绿透亮，酸爽可口，绝对的天然绿色食品。

武都酸菜制作工艺如下：1.选用武都境内出产的优质芫根菜，分拣干净。2.菜叶切细，芫根淘洗干净后用专用工具（擦子）擦成细丝。3.把菜叶淘洗干净焯水。4.把焯水后的菜叶继续淘洗至菜水为清。5.锅内加清水，凉水加入适量优质面粉（一百斤菜四斤左右面粉）趁水没开时反复搅动至面粉全部溶解在水中（没有面疙瘩为宜）。6.等面水烧开后加入淘洗干净的菜叶和擦成丝的芫根丝（菜叶和芫根丝的比例一般在10：1为宜）搅动全部烫熟。7.将烫熟的菜叶、芫根丝和面浆水一起倒入有酸引子（就是发酵好的酸菜）的陶缸内，覆盖发酵。8.发酵时间完全根据有经验的师傅根据不同季节和菜缸散发的酸味决定。9.发酵好后开缸食用即可。高手艺的师傅腌制的酸菜，就

算是在炎热的夏季，只要盛取时不污染，放在陶缸内吃几个月都不会变质。

武都酸菜，历史悠久，流传分布区域广泛。20世纪七八十年代，由于物资极度匮乏，尤其在冬季基本没有新鲜蔬菜，在武都境内几乎是家家都要腌制几大缸酸菜作为全家人的蔬菜来源，吃到第二年春天。随着社会经济的发展，物质的丰富，武都酸菜的主食地位也发生了改变，现在只是人们大鱼大肉后调剂口味的一道地方传统名小吃，所以会腌制酸菜的家庭主妇越来越少了，武都酸菜的酿造技艺全凭艺人口传心授传承，没有成文的完整资料，其腌制技艺已面临失传的危机。

制作原料：芫根菜、芹菜、银钙菜、苦苣菜、山泉水、优质小麦粉。

制作用具：大缸、小缸、大小坛子、大锅、淘筛、切菜刀、擦子、漏勺、马勺等。

（资料整理　王忠福）

武都黄酒

武都黄酒流传分布于武都城关及周边乡镇，城关镇地处西秦岭东西向褶皱带发育的陇南山地，平均海拔 1000 米，属亚热带边缘区，兼有暖温带和北亚热带的气候，这种气候有利于黄酒酒曲的制作，同时使发酵过程中霉菌、细菌及酵母等微生物的糖化力、蛋白质分解力、发酵力、酯化力提升。而且陇南既产粮食，也是红芪、党参、当归等名贵药材的理想适生区，当地稻米淀粉含量高于蛋白质和脂肪含量，

支链淀粉含量较高，粒大饱满、颗粒完整、精白度高、杂质少，蒸煮时吸水率高、体积膨胀率大、糊化程度高、米饭蓬松；酒曲制作所用当地药材中武都红芪富含多种有益的微量元素和氨基酸，且所用本地党参、当归等药材皆是对人体益处良多。

武都黄酒采用双边发酵法，即发酵过程中多种产酶微生物进行淀粉糖化的同时，酵母产酒精亦同时进行，当中起到关键作用的是秘方酒曲，其采用优质面粉，混合包括红芪、党参、陈皮等 20 余味中草药，经过十余道工序完成制作。

酿酒原料选用优质稻米、栗米，经过淘洗、蒸熟、晾晒后，酒曲与原料按照一定比例进行充分搅拌进缸密封发酵，经过数月的发酵期，再经固定时间的浸泡，最终对酒醪进行固液分离，依次进行压榨、过滤、煎酒（杀菌）后储存。

武都黄酒经数代人的传承，在当地成为秋冬佳节必不可少的饮用佳品，而且由于其具有一定的药用价值，更是老少妇孺皆可享用。在当前，武都黄酒的酒曲制造、酿酒工艺不仅需要口传心授的继承，更需要长时间地参与酿造过程，在数十道工序中掌握技巧，通过上一代人的教导和亲身实践从而有序传承。

武都黄酒流传百余年时间，至今已传承五代，最早由于物质生活匮乏，基本生存条件有限，武都黄酒在前两代传承中的普及度和影响力较小，于第三代传承人文督学经营期间情况得到明显改善。文督学1944年生人，原武都县搬运队（武都县交通局直管）工人，1979—1997年由于社会经济逐步开放，县交通局决定由文督学提供技艺支持，由搬运队工人集体开办武都黄酒店。时任军分局参谋长周雄题字"武都黄酒"。由于当时市面存在可供饮用的酒种有限，文督学传承期间，武都黄酒店可谓家喻户晓、门庭若市。在1984年，由武都县政府出资，开具介绍信，派遣文督学至浙江绍兴黄酒厂开展交流学习。

1999年传承至崔社荣，逐渐壮大武都传统黄酒产业，在武都区乃至整个陇南市有效进行了黄酒推广，武都黄酒至今仍在持续发展。

2021年至今，传承至崔文，为第五代传承人，此人在手工黄酒作坊内成长，从小参与传统酿酒工序，由第三代、第四代武都黄酒传承人共同指导，成人后将传统与现代相结合，进一步提高武都黄酒酿造工艺水准。

早年间物质生活困难，且由于黄酒酿造涉及粮食、药材原料较多，涉及饮用群体较少，所以在武都黄酒传承初期较为不易，所幸并未失传。如今，武都黄酒已传承至第五代，但是受到当地群众饮用黄酒具有很强的季节性影响，武都黄酒只在冬季才会酿造出酒，且随着信息化时代来临，交通愈发便利，外来黄酒产品对本地黄酒也形成了一定的冲击。武都黄酒一直以家族内口传心授的方式进行技艺传承，具有很强的传统性，在市场经济高速发展的当下，传统模式的推广、经营受到一定的阻碍，武都黄酒迫切需要传承保护。

酿酒设备：传统手工压榨机、传统蒸饭锅炉、筛米筐、浸米罐、水泵、空压机、膜式充气黄酒压滤机、瞬时高温杀菌机、密封发酵缸、储酒缸、酒曲制作模。

制作原料：稻米、栗米、面粉、红芪、党参、当归、蜂蜜、陈皮、饮用水等。

（资料整理　崔　文）

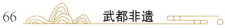

打草鞋

　　草鞋编织材料各种各样，有稻草、麦秸、玉米壳，有大麻、胡麻、萱麻，有椴树皮、构树皮、棕树皮等，鞋有系绳的，也有拖鞋。草鞋是山区居民自古以来的传统劳动用鞋，穿着普遍，相沿成习。无论男女老幼，凡下地干活，上山砍柴、伐木、采药、狩猎等，不分晴雨都穿草鞋。草鞋既利水，又透气，轻便，柔软，防滑，而且十分廉价，还有按摩保健作用。特别是夏天走长路，穿上草鞋清爽凉快，软硬适中，步履敏捷，两脚生风，给人一种惬意感；雨天穿着它，既透水，又防滑；冬雪天用土布、羊毛裹脚，外套满耳子草鞋，既保暖，又防滑，如遇冰溜子上路，再套上铁制的脚码子，确保安全无事。草鞋已成为传统历史装束的一个显著民俗特点，为人们的生产、生活提供了方便。随着经济的发展和社会的进步，草鞋作为生活必需品已成为历史，现在草鞋生产在民间已处于濒危状态，草鞋的手工艺制作逐渐失传。这种

　　"人在艺存，人去艺亡"的危机随着年轻人崇尚时髦、品牌等商品文化、流行文化的冲击影响和老艺人的陆续离世，使其在传承中出现了严重的"断代"。同时，也流失了许多传统手工技艺、技巧和相关联的民俗文化活动，发展与弘扬草鞋文化面临很多困难。

　　　　　　　　　　　　　　　　（资料整理　尹克富）

高山戏舞台服饰制作技艺

　　高山戏舞台服饰制作技艺，发源于武都区高山戏流传地域鱼龙、隆兴，分布于武都安化、佛崖、甘泉等乡镇，是以传统手工制作高山戏演出服饰的技艺。

　　"把式舞"中生角、旦角服装头饰独具一格。生角头戴"凉壳子"，上衣为右衽"红胖袄"，下裳为绸缎开胯裙，右手摇草扇（或拂子），左手甩白手巾；旦角男扮女装，头戴"昭君戴"，两鬓插黄表纸折叠扇，头发用黑纱巾"包头"罩着，上襦下裙，着披肩，右手持折扇，左手摆动彩色纱巾（或手帕）。

　　高山戏舞台服饰制作技艺，主要应用于高山戏把式服和凉壳子、昭君戴制作。这些技艺的传承源自高山戏的兴起，甚至更早。武都民间当地老人寿衣就是这些艺人手工缝制。

把式服上衣制作流程

1. 选料（七彩绸做上衣）；

2. 绘制画图；

3. 裁剪；

4. 缝纫绣花；

5. 做花边；

6. 烫熨；

7. 手工盘纽。

把式服裙子制作流程

1. 选料（仿版真丝布料做裙子）；

2. 绘制画图；

3. 裁剪；

4. 缝纫绣花；

5. 做花边；

6. 烫熨；

7. 上腰边、上系带。

昭君戴制作流程

1. 绘图；

2. 做花边；

3. 手工绣花；

4. 贴纸花。

凉壳子制作流程

1. 纸糊壳子；

2. 镶接壳子；

3. 上垫圈；

4. 包边子；

5. 上缨子；

6. 上系带。

许多年来，高山戏演出服饰都是手工制作，随着时代的发展，目前当地从事传统服饰制作的艺人越来越少。传承现况不容乐观，亟待保护。2021年，高山戏舞台服饰制作技艺申报为市级非物质文化遗产保护名录，市级代表性传承人卯才华。

（资料整理　王福忠）

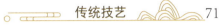

古建营造技艺

　　当代建筑领域里，把使用木材和传统施工方法，按照传统样式建成的建筑叫作"古建"。古建工艺历史悠久，流传地域广泛，在 21 世纪前农村修房建屋主要以古建为主，近几年随着改革开放的深入推进，人们生活逐渐富足，钢筋混凝土建筑将古建取而代之。而现在古建工艺在寺庙建筑还有需求，目前武都两水、角弓等地民间古代建筑比较活跃。武都古建技艺包括木工、仿古木雕、泥塑神像、彩绘以及阴阳等。其中木工是古建工艺的核心，现将木工施工的主要技艺特征简单介绍如下。

　　1.配料：配料单要求构件数量、规格尺寸准确，加工余量合理，下料时应根据先大后小的原则进行。并仔细审视原木的缺陷，以防有明显缺陷的原料用于制作主要构件，造成浪费或带来安全隐患。

2. 木构件的制作：按照施工图纸将毛坯木料加工成所需之构件。制作时应审视和利用构件原有缺陷，变不利为有利，如可利用原木之自然弯曲做成弓背朝上之桁条，对自然弯曲幅度较大者，则可用于金桁等方法，调整不可

避免的缺陷为构件之需要。制作木构件的工具要采用机械操作与手工工具操作相结合，尽可能地利用机械替代手工，但构件最终成品应符合传统做法要求。

3. 会榫：即在加工场内将2根或数根木构件有序地组合，将做好的榫会入卯中，且通过修整榫卯、套中线尺寸、校衬头、照构件翘曲面、看两构件垂直度等一整套会榫工艺，使对应的榫卯松紧度合适。

随着市场经济的冲击，古建匠人在当地靠手艺吃饭已经不能维持生计。古建这一传统民间技艺濒临失传的局面，保护古建工艺在民间发展意义重大。

古建营造技艺2021年申报为市级非物质文化遗产保护名录。

（资料整理　王福忠）

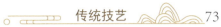

罐罐茶制作

　　罐罐茶是流传在武都境内的民间小吃，当地大多数家庭都会制作。

　　制作罐罐茶所需要的原料主要有面粉、鸡蛋、茶叶、盐、水、油、茴香、薄荷、花椒等，做罐罐茶所需要的器皿就是土罐子。具体做法和步骤：一是在土罐子中放

上清油，把茶叶炒至半熟；二是给已炒好的茶叶中倒上水，放入茴香、薄荷、花椒等调料；三是把罐子放在火旁文火煨热；四是把面粉炒至半熟；五是把鸡蛋、花生等炒熟；六是把面粉放到罐子内搅拌均匀，然后再放入火旁煨煮到熟透；七是等罐子内的食物煮熟后倒入碗中，并在碗中放入炒好的鸡蛋、花生、干果等。一碗香香的罐罐茶就做好了。

　　2011 年 11 月，罐罐茶申报为第二批市级非物质文化遗产保护名录。

 # 水磨坊营造技艺

武都水磨坊缘起

水磨坊，又称水磨房，为制作面粉的作坊，井字形的梁柱系着粗绳索，利用中间悬吊着厚重的石磨盘与下扇由水轮驱动的磨盘磨合粉碎粮食，磨盘旁凌空的两根木条上架着木质面罗，手臂推拉面罗做水平运动分离出面粉与麸皮，以面罗的粗细分离出面粉的优劣。负责操作水磨坊运作的人，当地人称"磨主子"。

战国时期的李冰发明了水轮机后，就有了水磨，人们不再用石臼和旱磨。水磨坊在武都境内外流传广泛，《武都县志》记载，20 世纪 60 年代以前，农副产品加工主要靠水力带动石磨生产。水磨坊与人们生活息息相关，是生产器械，是人们的生活方式，是逐渐消失的记忆。

武都县全境属长江流域嘉陵江水系。县内集水面由白龙江、西汉水、广坪河（柯家河）3 大流域构成，水面面积 219800 亩。白龙江在境内流域面积 3244 平方公里，占辖区面积的 69.27%，西汉水流域面积 924 平方公里，占辖区面积的 19.73%，广坪河流域面积 515 平方公里，占辖区面积的 11%。境内较大河流有白龙江、角弓河、石门河、拱坝河、北峪河、姚寨河、甘家沟河、佛堂沟河、乳水、三河、透防河、五库河、三仓河、洛塘河、红铜河、西支河、五马河、渭子水、秦家河、鱼龙河、甘泉河。

由于武都境内水资源丰富，河流分布广泛，自古以来，农副产品加工主要依靠水力，所以在武都水磨坊得以世代相传。

水磨坊建造

一是选址、建渠、起屋，这要求懂水力和营造。

二是水磨坊核心部位"磨盘机械传动系统"的制作，这个环节涉及石工（磨盘制作）、木工（木质水涡轮中轴、桨叶、连杆和调节器等）、土木建造（导入槽的土木部分等）以及编制缝纫（漏斗状粮食喂料袋等）等门类。

三是磨坊各环节的使用与维修技艺。

相关制品及其作品

建筑类：石料、木料、土木建造工具以及编制缝纫材料等。

器具类：厚磨盘、薄磨盘、粗罗、二细罗、特细罗、支棍；修缮磨盘的大小錾子；修缮水渠及水轮的镢头、铁锹、斧头、锉子、锯等。

水磨坊民俗

水磨坊的价值，不仅仅体现在其技艺的科学性，更反映了千百年来农村历史文化和生活民俗。20 世纪 90 年代以前的武都，水磨坊是人们司空见惯

的粮食加工场地，也是乡邻们最能沟通亲情的去处（一家人口碑的好坏也多从水磨坊传出），更是孩童玩耍的天然游乐场。北宋文学家王禹偁描写磨面人家的诗句："但取心中正，无愁眼下迟。"逐渐演变为水磨坊的专用对联，成为田园诗中流传千年的主题。武都民间流传"赶集磨面，一天的公干"的俗语，坦然地道出过去慢节奏生活的悠然；童谣"割、割、割韭菜，割了三担五口袋，我吃细罗隔哈（下）的，你吃酸菜拌哈（下）的"则以水磨坊面罗粗细区分生活的贫富；夜间水磨坊外生篝火以驱鬼，闸水板被民间阴阳先生当作禳物驱邪除瘟，如此等等，自农历二月二开磨一直到十月水面结冰，水磨坊昼夜不停，碾磨的是古老的民俗。

近年来，武都仅有十几家水磨坊运转，水磨坊带着两千多年的历史和生活文化习俗逐渐孵化成农人们记忆深处的点滴乡愁。2021 年，水磨坊营造技艺申报为市级非物质文化遗产保护名录，市级代表性传承人为安正德。

（资料整理　王福忠）

窑坡瓦当脊兽烧制技艺

窑坡瓦当脊兽渊源

窑坡瓦当脊兽烧制技艺，是武都境内以柏林窑坡为代表的烧制瓦当、脊兽、青砖青瓦等古建筑陶制品的传统技艺。瓦当，是屋檐最前端的一片瓦，是古时用于屋檐覆盖、装饰的建筑材料；脊兽是中国古代建筑屋顶的屋脊上所安放的兽件。

清道光初年，马有贤因反清起义受清政府残酷镇压，从天水瓦窑坡（今天水秦城区玉泉镇瓦窑坡村）避难于阶州宋川里（即今武都柏林），务农经商，后买地建窑继承祖业。因迁徙自瓦窑坡，又因此地建窑烧制瓦陶，乃名为窑坡，后读转音腰坡儿。约于宣统二年（1901年），本村修建清真寺，修建瓦面挑檐、花板脊兽大殿3间、厦房3间，所用砖瓦均由马家窑厂捐赠。古代瓦窑坡秦州窑著名北方，1952年出版的《中国陶瓷史》将其列为我国北方四大民窑之一。改革开放后，窑坡瓦当脊兽烧制技艺经马氏家族带徒授艺，传播北峪河、白龙江流域，一时瓦窑兴起。

窑坡瓦当脊兽烧制

相关制品

建筑类：瓦窑、制作车间、晾晒场地、工棚、仓库。

器械类：挖掘机、推土机、架子车等。

工具类：镢头、铁锨、雕刻刀具、刷子、泥弓、砖模、瓦模等。

主要作品

大小狮子、花板、麒麟、走龙、滚龙、瓦当、滴水、勾檐、兽头、影壁障壁、门楣花饰、墙面花饰、椽头基座以及青砖、青瓦等等。

1. 选土，选取黏性强的胶泥土；

2. 粉细，用木棒将土敲细，筛除沙粒，然后加入头发或粉烂的麻纸；

3. 水泡，用水将土浇匀，浸泡10天以上；

4. 搅拌，浸泡好的泥土采用人踩或牛踏的方式搅拌均匀，苫盖好发酵半月；

5. 打泥墙，发酵好的泥土筑成长方体泥墙；

6. 制片子（即模型），用泥弓在泥墙上割取厚2厘米的泥片，放置在铺

有细沙的阴凉的地面上，五六个小时之后，做出瓦当或脊兽所需图形平面轮廓；

7. 泥花（图案），陶匠刮去片子上的沙土，手工在片子上泥塑图形；

8. 抛光，用刷子蘸水在图案上整体刷一遍，使其湿润有光泽；

9. 雕花，等抛光后的泥土晾硬后，精工细雕，使图像更逼真传神富有立体感；

10. 再次抛光；

11. 待雕刻好的图形晾干后，用盐性泥水抛光、磨纹，这可以加强表层密度；

12. 装窑，泥塑瓦当脊兽做够一窑并晾干后开始装窑，一般在窑底部装2—3米砖瓦，顶层才装瓦当脊兽，这样不易破损；

13. 点火，窑洞装满并用土封口后开始点火，古时点火需请阴阳先生择定吉日时辰，杀鸡敬酒以祭祀鲁班爷；

14. 排潮气，点火三天后，看窑口的潮气的干湿渐次关闭窑口上的排烟筒，火候与排潮气恰当的把握就是烧窑师傅的功夫所在，一般烧制时间在8—10天；

15. 出窑，烧窑停火后在窑口土层上浇水7天，挖去土层晾两天，才可以出窑。

传承现状

瓦当脊兽烧制技艺在武都流传广泛，自古以来，北峪河流域的安化、柏林、马街、马营和白龙江流域东江、汉王、三河等乡镇都有流传，而柏林乡窑坡村的烧制技艺最为精湛、文化底蕴更为深厚，所以最具代表性。

窑坡瓦当脊兽烧制技艺，是劳动人民智慧的结晶，流传几百年经久不衰。

20世纪90年代以后，随着社会发展，从城市到农村传统的古建筑逐渐地失去了人们的青睐，取而代之的是钢筋混凝土建筑，以瓦当脊兽烧制为主的砖瓦窑逐个倒闭废弃，掌握这门技艺的匠人另谋职业慢慢丢弃了这门技艺。近几年来，在武都境内只有以窑坡瓦当脊兽烧制为代表的几家瓦窑维持运转。

窑坡瓦当脊兽烧制技艺于2014年申报为第三批市级非物质文化遗产保护名录。市级代表性传承人为马海宝、尹成林。

（资料整理　焦淑红）

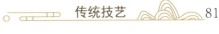

洋芋搅团

　　洋芋搅团是武都当地流传最广的小吃。风味独特，口感劲道，远近闻名。武都当地流传"要得吃好饭，洋芋砸搅团"。特别是武都高寒山区鱼龙、龙凤等地所产洋芋淀粉多，所砸搅团以细腻、韧性足而著称。

　　洋芋搅团制作过程大致分为：一、洗洋芋；二、煮洋芋；三、将熟洋芋剥皮；四、将洋

芋晾凉；五、做食料，包括做油泼辣子、油泼蒜泥、炒酸菜、炒韭菜等；六、砸搅团，洋芋晾至温凉时放入专用木槽内，用棒槌砸捣至黏团状即可。

　　首先，先要挑选面饱水少的中下个头的洋芋，（面饱水少是为了保证口感，水分少面足的洋芋砸出来的搅团既劲道又好吃，个头太大的洋芋影响口感，所以不宜选用）用水淘洗干净后就要上锅煮了，（可以煮也可以蒸）煮的过程中火不宜太大；煮好后先焖一会儿，这样才不会夹生。然后就是剥皮了，需得一个一个地将洋芋皮剥干净，然后放置一处，等它晾凉。洋芋凉了以后才开始砸洋芋。砸洋芋要用到两种工具，"石窝"和"棒槌"。当要砸的洋芋比较多时，会用到特制的"大木槽"和"木榔头"。还有一种就是"碾"，

用一个中间粗两头细的特制工具（酒瓶子也可）。把洋芋放到案板上来回碾制。两种制作方法各有优缺点，"砸"出来的洋芋搅团吃起来口感劲道，有嚼劲，但不是很细腻。在案板上碾制的洋芋搅团，口感细腻，柔和，但劲道不是很好，口感绵软。

最后一道工序"调味"，也是保证口感的最重要的一道程序。调味有多种，在寒冷季节最受大家欢迎的是"热食"，将搅团放入浆水酸菜中略煮，连同酸菜浆水盛入碗中后调以盐、油泼辣子即食。说到这里，就不得不说一下我们本地的特色小吃"浆水酸菜"了。浆水是一道传统名菜，据《吕氏春秋》记载："文王嗜菖蒲菹，孔子闻而服之。"菹在这里的意思就是酸菜，所以这两句话的意思也就是：周文王爱吃菖蒲做成的酸菜，孔子听说后也就试着去吃它。周人起源于陇东，已被学术界所公认。由此推断，"浆水酸菜"是甘肃地区的传统名菜也就是顺理成章的事。甘肃浆水用的材料还是比较丰富的，主要有苦苣菜、洋芋、大头菜、扁豆芽、苜蓿和葱，这些主要是夏季与秋季的取材，因季节不同，做浆水的蔬菜也是不同的。如果在春季与冬季，会使用大头菜、芹菜、白菜等。而且他们都有自家的菜地，所以食材都是遍地可取的。第二种就是"冷食"了，舀上一碗搅团，调以油泼辣子、咸菜、蒜泥，根据口味可以调少许醋，吃起来也是别有一番滋味。

2011年11月，武都洋芋搅团申报为第二批市级非物质文化遗产保护名录，市级代表性传承人为尹徐进。

（资料整理　王福忠）

陇南豆花面

　　豆花面主要流行于四川、贵州等地，是大西南农家的家常面食，尤以遵义的豆花面驰名全国。毗邻四川的陕南、陇南，农家也经常吃这种面食；在我们陇南，它还是有名的特色小吃之一。陇南东部几个县的农家都吃豆花面，但东南部的武都裕河、康县阳坝、文县碧口三个地区的农家豆花面最具特色，最受食客青睐。从陇南市的地图上看，武都区的裕河镇和康县的阳坝镇，都处在陇南市的东南方向，两地相连，几乎是平行的东西相望（纬度上裕河略高些，阳坝略低些），又都与陕西省汉中市的宁强县交界；而文县的碧口镇，处在陇南市的正南方，与武都区的裕河镇和康县的阳坝镇距离很近，但不相连接（其纬度更低），只是毗邻陕西省汉中市的宁强县，与四川省广元市的青川县交界，鸡犬之声相闻。陇南整体上属于北温带向亚热带过渡性气候，而这三个陇南名镇都属于亚热带湿润区。其民俗风情、地理物产、饮食习惯、地质地貌、自然风光等都有许多相同之处，受巴蜀文化的影响较深。一是它们的方言都接近于陕南或川北语音；二是都出产茶叶，是陇南唯一连片的茶叶适生区和主产区；三是都划设过自然保护区，是适合大熊猫、金丝猴等珍稀动物生存的地区之一；四是都生长着海拔800米以下的亚热带植物，譬如油桐、棕榈、楠木、金竹等；五是生活习惯与陕南川北相似或相同，吃肥腊肉、豆花面，喝自酿的低度苞谷酒，喜欢麻辣口味；六是都有男嫁女娶奇特的婚俗，以及男女老人裹头、缠腿的习俗；七是都出产水稻，自制和食用米豆腐。

武都裕河、康县阳坝、文县碧口三个地区，做豆花面的原材料和手工工艺都一样，用地产粮食作物白面、荞面，或黄豆面、玉米面、白面混合

而成的杂面，手工擀制成长面条；如今还增加了刀削面、挂面，但不用机器，仍然是纯手工制作。豆花的制作很讲究，选择地产颗粒饱满的上好黄豆，洗干净后，在温水或冷水中泡胀，用手工小石磨磨成豆浆，滤去豆渣，再把豆浆水倒入锅内，用文火慢煮，火功很讲究，火不能太大，不然点出的豆花

不鲜嫩，这个完全要靠经验来掌握。豆浆煮好后，用酸菜浆水或卤水（卤水会影响口感，最好是酸菜浆水）点成豆花，凝结成块状的豆花漂浮在锅里，如朵朵银花绽放，未食先已吸引了眼球。成饭的过程很简单，但不粗放，把煮好的豆花用漏勺从锅中捞出，放在碗里或盆中备用，再在锅里煮好面条，捞入碗中，加进豆花、炝好的酸菜即可。只是调味品不尽相同，有炒韭菜、炒青椒、炒豆食、油泼辣了、芫荽、蒜苗、椿芽、腌制的各样咸菜等，可

根据各自口味随意取舍。面条、豆花、酸菜三大主料，以及其他辅助小菜，调味品，都要求质地良好，颜色清亮，新鲜可口。

陇南豆花面不同于贵州、成都、

重庆的地方，主要是它不使用麻辣调味品熬制的肉臊子，不使用酱油醋辣子酱，甚至不使用味精，不追求强刺激的重口味，而是避免油腻，注重清淡，保持本色，强调原味，配以各种时鲜小菜，属于地道的素食，其食用人群更加广泛，老少咸宜。如今，陇南豆花面既是农家的家常饭，也是农家乐和饮食摊点上的著名小吃，深受食用者尤其是外地游客的欢迎称赞。

可以说，陇南东南部农家豆花面的整个制作过程，完全是一种诗化了的艺术，行云流水，令人着迷：手磨在日月的轨迹中转动，吐出乳汁，黄豆的花儿竞相绽放，嫩如婴儿的肌肤，养眼勾涎。擀面杖越来越瘦了，快刀切开瀑布，银丝如发，从沸腾的大铁锅里捞出旺盛的食欲；一碗原汁原味的豆花面，不加过多调料，伴以时蔬，格外养人；农家的饭食就像农民一样简单，也像农民一样朴实，锅碗瓢盆里始终散发着浓郁的乡土气息；什么都是自己亲自劳动、亲手制作的，所以酒醇饭香，才使得人间烟火传承至今，生生不息，永不寂灭。

（娄炳成／文）

武都羊肉泡馍

　　我喜欢吃羊肉泡馍，无论是在陇南武都居家，还是到外地旅游，凡是有羊肉泡馍这种美食的地方，我都要寻找光顾，一品为快。我吃过除了新疆之外甘陕青宁四省区数十个地方的羊肉泡馍，虽然各有千秋，但感觉还是我们陇南市武都区的羊肉泡馍最好，最为上乘。

　　西安的羊肉泡馍驰名全国，但并不适合我的口味和饮食习惯，一只大海碗，盛上多半碗切成菱形丁块的死面饼子，加上少许的羊肉，覆盖到碗沿的羊肉汤，委实可以撑饱肚子，但都没有吃清汤羊肉的那种独特享受。其做法、吃法不仅与武都羊肉泡馍不同，且口感远远不及武都羊肉泡馍那样香味浓

郁，十分过瘾。

延安兴吃羊杂泡馍，但主要是羊的心肝肺。将羊肺由紫红色洗干净为纯白色，做好了还是挺好吃的；羊心也还凑合，而羊肝则不适合于汤食，可以白水煮熟，晾凉了切成片，蘸着椒盐吃，也可以炒着吃，作为羊杂泡馍的原料会严重破坏口感，没有肉质的感觉。武都的羊杂泡馍，则拒绝使用羊的心肝肺，主要是羊的头蹄、肚子、舌条等，给人以肉的质感，是武都羊肉泡馍的齐名美食。

银川、西宁、兰州既有羊肉泡馍，也有羊杂泡馍，做法大同小异，现做现卖，将水烧开，放入羊肉或羊杂，加上粉条萝卜片，调入油泼辣子，基本上吃不出羊肉或羊杂的香味。武都羊肉或羊杂泡馍，最讲究的是用煮羊肉的原汤，食客光顾时，再将羊肉或羊杂回锅，不添加任何杂物，吃的是纯羊肉或纯羊杂的本源香味。

与武都羊肉泡馍的做法、吃法相近的是甘肃庆阳市，庆阳市的首府所在地西峰，羊肉泡馍馆子里用的是当地产的羊肉，肉质肥美，没有腥膻味，也是用煮羊肉的原汤，肉鲜汤清，口感很好。不同的是，汤面上撒的是葱末，而武都羊肉泡馍汤面上撒的是蒜苗和芫荽（香菜）末，这大概与两地物产不同有关系。

而与庆阳相邻的平凉的羊肉泡馍，做法与吃法却大相径庭。我在平凉市的华亭县吃的羊肉泡馍，是羊肉和黄花、木耳、干豆腐条、粉条等食物的大杂烩，我戏称是"羊肉烩菜"，而不是羊肉泡馍。在羊肉泡馍里加粉条、木耳等食物的，还有陇南市的成县、徽县和两当县，也是用开水现做现卖，只是要加入羊油，以提起香味。

甘肃省定西市及漳县、岷县等地的羊肉泡馍，做法又有所不同。将煮熟后切成片的羊肉或羊杂，放进海碗里，舀上热汤，又将汤篦掉，反复几次，直到肉变热，再舀上热汤，撒上蒜苗和芫荽（香菜）末。这些地方吃的羊杂有羊心羊肺，但没有羊肝。与武都不同的是，其羊肉泡馍与羊杂泡馍的价格是分开的，羊杂比羊肉低五元钱。

陇南市宕昌县的羊肉泡馍也挺好吃，其做法与邻近的定西市岷县一样，也是将煮熟后切成片的羊肉或羊杂，放进海碗里，舀上热汤，倒腾几次后再食用。羊肉泡馍与羊杂泡馍的价格也是分开的，羊杂比羊肉低五元钱。与武都不同的是，他们的价格不是按碗算，而是按斤两算，或三两或半斤，由顾客自报，比较灵活。

甘肃省临夏回族自治州，是羊肉生产大区，武都市面上的羊肉，大都来自临夏。临夏的东乡族、保安族、回族等，也在武都开有羊肉泡馍馆子，他们的做法类似兰州、定西等地，但到了武都，受市场消费导向影响，也学会了武都的做法，有了立足之地。但与地道的武都羊肉泡馍相比较，既不像武都羊肉泡馍那样油腻，又不像原来的添加杂物，是两种风味的混合，汤清肉厚，很受食客欢迎。

武都盛产花椒、辣椒，人们也多喜食麻辣。武都羊肉泡馍所使用的调料很多，有茴香、草果、草蔻、胡椒、生姜面等，但更多的是花椒面，麻香味很浓。武都羊肉泡馍使用的馍，实际上是发面烤饼，除了极少数人掰碎泡食之外，绝大多数食客是分开吃的，除了西安而外，无论饼子是发面的，还是死面的，其他地方也大都是这种吃法。武都本埠人开的羊肉泡馍馆子，不用糖蒜、小菜佐食，以免影响此美食的特殊香味，而是可佐以生蒜瓣。俗话说：吃肉不吃蒜，香味减一半。

西北各地一年四季都吃羊肉泡馍，而武都只吃三季，因为武都是小气候，夏季气温一般都在 35 摄氏度以上，因而在炎热的夏季食用羊肉的人很少，许多专营羊肉泡馍的馆子不得不关门打烊，到了白露前后，天气转凉了再开。武都虽然是高消费地区，但羊肉泡馍的价格并不贵，从 20 世纪 80 年代初期的一元钱一碗（带一个饼子），直到现如今的 25 元钱一碗（带一个饼子），与自身纵向相比，涨幅达 25 倍；而与外地横向比较，他们一碗是 30、35、45 元钱不等，就显得低廉了，是普通工薪阶层可以接受的消费价格。

新世纪以前，武都城区的羊肉泡馍馆子有数十家，现在只有不到十家了，原因与原材料的供应不无关系。一是现在封山禁牧，需要圈养，养羊的成本很高；二是绝大多数农户都住进了新农村，没有了养羊的条件；三是没有草原草甸，规模化养殖羊群无法实现；四是从临夏、内蒙古等地贩运来的羊肉，价格低廉，能够保障市场需求。

据说，隋唐时期尚未出现炒锅，因此也没有炒菜，烹饪方法以水煮、清蒸、烧烤为主。当时的西北人不以稻米为主食，而是吃用小麦做成的饼。饼食也分汤饼、蒸饼、烧饼三种，其中汤饼的吃法就可能是后来羊肉泡馍的雏形。那时，鸡鸭鱼肉不被认作是肉，猪也未有大规模养殖，人们吃羊肉甚盛。于是以汤饼的做法，将所食的羊肉及其他辅料，与切好的面饼一同下锅烩煮，撮合出了羊肉泡馍这道美食。北宋诗词大家苏轼就有"陇馔有熊腊，秦烹唯羊羹"的诗句。

饮食文化是地域文化的重要组成部分，一方地域饮食文化的形成，与该地域的物产、民俗、生活习惯、历史传承都有很大的关系。我们陇南，历史上曾经是古老的羌氏民族长期居住的地方，羌氏民族自古就以游牧为生，牛羊肉是他们的主食。羊肉泡馍的制作工艺并不复杂，普通家庭亦可常食，要探究这种美食最早的起源，恐怕要追溯到羌氏民族的生活习性，而我们陇南是最有发言权的。

每年秋季到来之时，我就注意街上的羊肉泡馍馆子是否开张了，盼到白露时节，街上飘起了羊肉泡馍特有的浓烈香味，我几乎每天清晨都要去吃。

一碗羊肉泡馍，汤清肉鲜，一块热饼子，软硬适度，美美地吃上一顿，舌香肚饱，心满意足，中午不用进食，可以管到吃晚饭的时间。吃完了，回到家里，泡好一杯浓茶，趁热喝上一气，既去掉了大蒜味、油腥味，又减轻了燥渴感、胀满感。再坐在电脑前，敲击键盘，写一些随时想到的文字，心里便会有说不出的舒坦。

（娄炳成／文）

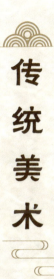

传统美术

非物质文化遗产，是民族精神的重要标识和民族历史文化的活化石，蕴含着国家、民族特有的价值观念、审美追求和情感记忆，承载着国家、民族文化生命的密码，是民族精神和人民智慧的生动体现。

武都紫泥

武都紫泥是古代封泥中的贡品。古代封泥又称"泥封"，是古人分缄文书、信件、货物时在封口处钤印的泥团。古代为了防止信件、文书、货物等被拆开，用绳子系好打结，在打结处用黏土密封，再在黏土的表面盖上印章，经过火烤变硬不容易被拆开。封泥是最初使用印章的痕迹。可以说，在纸张发明使用之前，古代的印章都是盖在泥团上的。

封泥既是凭信，也是回执。收件人收到公文或书信，确认封泥完好，才取下封泥，启封文件。有的时候，寄件人需要回执，送信人则会将取下的封泥再送还寄件人，封泥的使命才算完成。

封泥是古代信函文书封缄的实物遗存，保存了不同历史时期的文字信息，保留了大量秦汉官印的钤痕，承载了厚重的历史信息，不仅丰富了我们对古代历史和文化的认识，也给后世研究中国古代政治史、官制史、历史地理、各朝代疆域范围及政区沿革、文字发展史、印学史等诸多学术领域，提供了非常宝贵的第一手材料，是对中国历史的佐证与补充，被专家称为是可以弥补《史记》《汉书》阙漏的珍贵文献。清末学者、金石研究专家罗振玉这样评价："（封泥）可考见古代官制以补史乘之佚，一也；可考证古文字，有裨六书，二也；刻画精善，可考见古艺术，三也。"王国维曾说："封泥之物，与古玺相表里，而官印之种类，较古玺印为尤夥（多），其足以考证古代官制，地理者，为用至大。"

封泥还可以封舱门、土方工程、钱串子、瓶口和坛子、箱子等等。封泥的用途在我国漫长的封建社会非常广泛。其中最为高贵的封泥是紫泥，皇

帝诏书用紫泥。据史料记载，武都紫泥就是两汉四百多年历代皇帝用作封诏行文的特贡之泥。《后汉书·光武帝纪上》记载道："奉高皇帝玺绶"，李贤注引的东汉著名文学家、书法家蔡邕《独断》中说："皇帝六玺，皆玉螭虎纽，皆以武都紫泥封之。"当代封泥研究专家孙慰祖教授在其《封泥发现与研究》一书中指出："汉代封泥高下有别，武都紫泥为皇帝专用。"卫宏《旧汉仪》中有"皇帝六玺，皆以武都紫泥封，青布囊，白素里"的记载。《西京杂记》载："汉代武都紫泥为玺室，加绿绨其上。"李白《玉壶吟》"烈士击玉壶，壮士惜暮年。三杯拂剑舞秋月，忽然高咏涕泗涟。凤凰初下紫泥诏，谒帝称觞登御筵……"释文指出："紫泥，甘肃省武都县的一种紫色泥，性黏，古时用于封皇帝诏书。"唐代白居易、李商隐、包佶，南梁刘孝威、南唐李中、杨炯等文人，都有关于武都紫泥的诗文传世。武都地方史志更有详细记载。卫宏《旧汉仪》："秦汉皇帝除传国玺之外，尚有六玺，皆白玉制，螭虎钮，用武都紫泥封：一、皇帝行玺，用于封国；二、皇帝之玺，用于赐诸侯王；三、皇帝信玺，用于发兵；四、天子行玺，用于征召大臣；五、天子之玺，用于册封外国君王；六、天子信玺，用于祭天地鬼神。"以上都是武都紫泥作为汉代皇帝专用贡泥的史料实证。

武都紫泥产地根据《阶州志》载："武都紫水有泥，其色紫赤而黏。贡之封玺，故诏诰有紫泥之美。"具体地点"在州东南六十里，本汉羌道也，后魏置武都郡，西魏置覆津县，唐为福津县。"古福津县址在今陇南市武都区三河镇、桔柑镇之间。紫水即福津河，在三河镇境内。

武都区三河镇是一座千年古镇，有着悠久的人文历史，因地处郭河、福津河、花椒沟河三条河交汇处而得名，旧属古福津县，唐景福元年（892年），改"覆津"为"福津"，入阶州。福津广严院是我国现存南宋木结构三大建筑之一，院内正是专供皇室使用的武都紫泥的出产地。广严院，又名柏林寺，位于武都区三河镇柏林寺村，始建于宋绍兴三十一年（1161年），于南宋重建，是目前我国保存最完好的南宋木结构建筑。1993年，甘肃省省政府公布福津广严院为省级文物保护单位，2019年10月7日被国务院列为全国重点文物保护单位。广严院建筑结构大气精巧，为单檐挑角灰瓦歇山顶，对研究中国古代建筑史、建筑技术、建筑文化，尤其是研究南宋建筑具有宝贵价值。

院内立有北宋元丰年立《敕赐广严之院》石碑，"敕宜赐广严院为额牒至准 嘉祐七年十一月"。这说明，广严院是朝廷赐予名额准予修建的寺院。虽然纸张发明后，泥封早已不用，但为了防止百姓取土，宋仁宗嘉祐年间特意在紫泥山麓紫泥洞址敕建这一寺院，既体现皇权神威，又保证了紫泥不再被士民开采使用。皇帝为什么会派人千里迢迢从武都来取泥？关联先生认为，一个原因是武都紫泥的土色发紫，有祥瑞之意；二是武都紫泥黏性强，光泽度好，干燥后牢固不易开裂。还有一种说法，紫泥山也叫回龙山，山形似卧龙，山顶的形状恰似龙回头。古人迷信，尤信风水，故在此取土为皇帝封玺专用。

在武都，紫泥的研究和开发利用也别开生面：关联先生40余年来倾心研究武都紫泥文化，将篆刻艺术与武都紫泥结合起来，带徒授艺，传承武都紫泥传统技艺。20世纪90年代，关联撰写并发表《篆刻艺术与武都紫泥》一文，引起了强烈的反响，开辟了本土人士研究武都紫泥文化的先河。关联先生复制的武都紫泥泥封于2022年7月参加武都民艺晋京展，观众好评如潮，在京10余家媒体进行了报道；陇南风物公司开发的武都紫泥系列文创产品别具风韵；民间艺人田刚创作的武都紫泥壁画晋京展出赢得专家好评；陈鹏开发武都紫泥酒、武都紫泥砚台等已有近20年的历史；陇南大时代陶艺店用武都紫泥制作工艺作品深受大众喜爱……

2014年8月，"武都紫泥"申报为市级非物质文化遗产保护名录，市级代表性传承人为关联、陈鹏、袁长流。

（资料整理　王福忠）

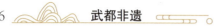

武都栗玉砚

武都栗玉砚因"色如栗"而得名，北宋著名书画家、鉴赏家米芾在《砚史》中记载："成州栗玉砚，理坚，色如栗，不甚着墨，为器俱佳。"成州者乃今陇南徽县伏镇、栗川、泥阳等地——栗玉砚在陇南历史之悠久可见一斑。经武都栗玉砚制砚人多番考证：武都龙坝、西和龙凤乡石料较《砚史》中记载的成州之石"纹理清晰，坚硬如玉，色泽更温润"，为制砚之上品。随着《阴平古道》《壁虎闹春》《五龟踏潮》等栗玉砚佳品的相继问世，我国许多制砚专家、学者和砚品爱好者已对武都栗玉砚有了全新的认识。武都栗玉砚质朴浑厚、风格古雅，制砚人把栗色的自然美和雕琢的造型美、意境美结合得天衣无缝，使砚台作品巧夺天工、美雅至极。

武都栗玉砚分布于白龙江西汉水、嘉陵江三江流域的武都龙坝乡、台石乡等乡镇。

砚台是我国文房四宝之一，古人有"厅无石不雅"之说。宋代中期，栗玉砚的制作工艺粗糙、造型简单，"风"字砚较为流行。宋末，栗玉砚的造型设计、雕刻工艺有了明显的提高，如"古琴砚""龙凤砚""核桃砚"等砚作，线条流畅自如，砚品端庄素雅。元代，栗玉砚走入低谷。明清两代，栗玉砚的发展时断时续不甚景气。近些年，随着人们生活水平的改善和文化素质的不断提高，砚台已不仅是一些文人雅士珍爱把玩的对象，砚台在体现其实用价值的同时也成了一种极有意义的收藏品。

武都栗玉砚石质温润、色泽古雅，较四大明砚更具特色。保护武都栗玉砚对我国砚台事业和武都区非物质文化遗产的传承、保护和文化产业的发展意义深远。

武都栗玉砚的价值

1.栗玉石资源丰富。武都龙坝等地栗玉石储藏量大、色泽好、硬度适中，质地上乘，开发潜力极大。

2.开发栗玉砚，既是石材产业，又是文化产业。以栗玉砚为载体，以先秦文化为内容，创作体现挖掘出地域性文化的特点，把握好砚雕和陇南文化的内在联系，用砚雕特有的手法，创作出表现先秦文化、巴蜀文化、陇南特色文化的作品。

3.开发石材产业，把资源优势变为经济优势，带领一班人从事石材开发采石、加工、销售等活动，帮助农民增加收入，改变贫穷面貌，改善农民群众的生活条件。武都栗玉砚的历史非常悠久，传百世而不朽，被历代文人雅士作为珍玩藏品之首选，栗玉砚早在宋代已有记载，文化深厚，具有极高的艺术价值、观赏价值和经济价值。

制作工具

1.雕刻工具：铲刀、凿子、扁铲、圆刀、方刀、修光刀、钢锯、电钻等。

2.打磨工具：磨石、油条、毛刷、钢板、砂纸、条绒布、海绵等。

3.上光工具：铁锅、毛刷、地板蜡。

武都栗玉砚于2011年申报为第三批省级非物质文化遗产保护名录。省级代表性传承人有刘淑霞、焦仁仁。

（资料整理　尹利宝）

武都木雕

武都木雕作品承袭明清木雕技艺：风格古雅、结构优美、题材多样。常见作品有千手观音、寿星仙翁、雄狮猛虎、马踏飞燕、祭祀供品等，这类作品刀法细腻、线条流畅，不仅有装饰、美化环境，陶冶性情的功能，还具有较高的收藏价值和艺术价值。

木雕是雕塑的一种，在我们国家常常被称为"民间工艺"。木雕可以分为立体圆雕、根雕、浮雕三大类。木雕是从木工中分离出来的一个工种，在我们国家的工种分类中为"精细木工"。以雕刻材料分类的民间美术品种。

木雕工具

木雕刀的种类较多，如圆刀、平刀、斜刀、玉婉刀、中钢刀、三角刀等。木雕的辅助工具主要是指敲锤、木锉、斧子、锯子。

选材

　　木头有的松软、有的粗硬，一般木头松软的易雕，粗硬沉重的难雕。木质坚韧、纹理细密、色泽光亮的称为硬木，如红木、黄杨木、花梨木、扁桃木、椰木等，具有雕刻的全部优点，是雕刻的上等材料。比较疏松的木质适合初学者用，如椴木、银杏木、樟木、松木等。这类木材适合雕刻造型结构简单、形象比较概括的作品，雕琢起来也比较容易，如水曲柳、松木、冷杉木等，就可以巧用木纹的流畅、木纹的肌理，做一些较抒情的作品。一般说来，在创作一件作品之前，首先要对木材有所认识，选择适合于所表现的材料十分重要。

处理

　　1. 人工干燥：将木材密封在蒸汽干燥室内，借蒸汽促进水分蒸发，使木材干燥。晾干时间根据木材的大小、厚薄而定，如 4cm 板材烘干时间一般需要一个星期，干燥的程度最高可使木材含水量仅达 3%。但经过高温蒸发后的木质发脆，失去韧性，容易受到损坏而不利于雕刻。通常讲原木干燥的程度应保持在含水量 30% 左右。

　　2. 自然干燥：将木材分类放置通风处（板材、方材或圆木），搁置成垛，垛底离地 60cm 左右，中间留有空隙，使空气流通，带走水分，木材逐渐干燥。自然干燥一般要经过数年或数月才能达到一定的干燥要求。

　　3. 简易人工干燥：一是用火烤干木料内部水分。二是用水煮去木料中的树脂成分，然后放在空气中干燥或烘干。这两种方法干燥时间可能缩短，但浸水后的木材容易变色，有损木质。

技法

　　所谓技法，就是木雕创作中作者对于形象和空间的处理手法。这种手法主要体现在削减意义上的雕与刻，确切地说，就是由外向内，一步步通过减去废料，循序渐进地将形体挖掘显现出来。

　　1.通常要先画创意稿，再用墨线勾画放大到木材上。

　　2.粗坯是整个作品的基础，凿粗坯可从上到下，从前到后，由表及里，由浅入深，一层层地推进。凿粗坯时还需注意留有余地，如同裁剪衣服，要适当地放宽。民间行话说得好："留得肥大能改小，唯愁瘠薄难复肥，内距宜小不宜大，切记雕刻是减法。"凿细坯先从整体着眼，调整比例和各种布局，然后将具体形态逐步落实并成形，要为修光留有余地。

　　3.修光：运用精雕细刻及薄刀法修去细坯中的刀痕凿垢，使作品表面细致完美。要求刀迹清楚细密，或圆滑、或板直、或粗犷，力求把作品意图准确地表现出来。

　　4.打磨：根据作品需要，将木雕用粗细不同的木工砂纸搓磨。要求先用粗砂纸，后用细砂纸。要顺着木的纤维方向打磨，直至理想效果。

　　5.着色上光：着色的颜料一般是指水溶性的，如水粉、水彩或皮鞋油。它们的特点是覆盖性小，有较强的渗透性。油画的丙烯颜料不宜使用。

木雕工艺品的保养

　　1.木雕工艺品不宜长时间放在烈日下暴晒。

　　2.木雕工艺品不宜放置在极潮湿或者极干燥的室内。

　　在很潮湿的环境里，部分木雕工艺品就会长"毛"。太干燥的环境，木雕工艺品有的可能会部分出现开裂的现象。

3.木雕工艺品不宜放置于明火、火墙、火炕、火炉的附近。

4.不宜用带水的毛巾擦拭，用含蜡质的或含油脂的纯棉毛巾擦拭为佳。

武都木雕于2008年申报为第二批省级非物质文化遗产保护名录。省级代表性传承人张守学、王和平，市级代表性传承人苟树庆。

（资料整理　王福忠）

阶州石雕

工艺流程大致分为选料布局、打坯戳坯、放洞镂雕、精刻修光、配垫装垫、打光上蜡六道工序。一般作品自始至终由一位艺人完成。

选料布局

选料大致可分按料选题和按题选料两类。

按料选题首先要对石料做最基本的选择，主要考虑是否结实、脆软。然后根据石料的形态、质地、色彩，苦心经营，精心设计。石雕和一般的绘画雕塑相比，既有确定主题、选择题材、经营位置、刻画形象的共性，更具有受到既定物质材料强烈制约的个性。所以，石雕从布局开始就要"因材施艺"，艺人往往要将石料摆在案头，横摆斜置，细致观察，反复构思，当面前的石料与脑中的某一灵感图像相契合，产生创作冲动时，才挥锤握凿，确立作品雏形。

按题选料则先有主观构想，然后苦心寻找合适的石料，或者准备雕刻某一类题材的作品，然后对石料做针对性地选择，主要从作品的要求方面考虑。雕刻人物题材要求石色纯净文静，花鸟题材的石料以绚丽多彩为佳。山水题材的石料最好是形态突兀多变, 精雕作品则要求石料质地优良, 石色丰富。许多题材还要求石料有一定的体积。

打坯戳坯

石雕艺人仅打"腹稿"就直接在石料上敲打落形, 只有极少数大型作品或构图复杂的作品, 要画设计或捏泥塑稿。打坯是雕刻作品的第一步, 用打坯凿大刀阔斧地劈削出作品的外轮廓, 景物的大块面, 以最简练、概括的手法, 将构思变成视觉形象。戳坯是用阔凿戳出景物较小的分面, 一些小作品也有不用打坯而直接用阔凿戳坯的。阶州石雕 2014 年申报为市级非遗保护名录, 代表性传承人王银宝。

（资料整理　尹利宝）

古建彩绘

古建彩绘就是古代劳动人民在古建筑物上绘制装饰画，主要流传于陇南市武都区的琵琶镇、蒲池乡、柏林镇、角弓镇、东江镇等地。

古建彩绘也称彩绘壁画艺术，最早出现在先秦时期，可考者为汉代，其时佛教传入，塑像及壁画随之茁壮蓬勃。东汉传入的佛教在两晋、南北朝时期的昌盛加快了古建彩绘艺术的发展。大致南方以寺庙壁画发展为主，北方则多石窟造像。著名之佛教艺术胜地，除敦煌千佛洞因山壁无法凿刻而为泥塑及壁画外，北方之云冈、龙门、麦积山、天龙山、巩县石窟寺皆先后开凿。南方佛画之先导，如晋代戴逵、戴颙父子增损塑像，使其具有我国艺术之比例尺度，达到光颜圆满之境界。顾恺之画维摩诘像，光照一室，成为千古楷模。现

在我国内地所存的古壁画已不多，唯甘肃敦煌之南、鸣沙山莫高窟遗存不少六朝以后之壁画。随着社会的不断发展，古典文化与宗教文化相融合，形成了独具特色的地域性古建彩绘艺术形式。各地文化意识形态的差异，造成古建彩绘艺术不同的表现形式。武都彩绘壁画综合了传统的彩绘壁画因素，大多绘于佛教寺庙和道教的道观墙壁上。内容有佛道造像、传说故事、图案装饰等。

武都古建彩绘历史悠久，具有强烈的地域特色。佛教、道教、儒家文化在武都相互影响、渗透，形成了武都特有的古建彩绘艺术形态独有的艺术表现形式。武都各地均有古建彩绘艺术传承，其中武都区琵琶镇、柏林镇、蒲池乡彩绘艺人在仿古建筑、宗教建筑中有广泛应用。当地艺人对传统古建彩绘艺术的总结整理、传承创新，形成了自身独有的艺术风格。

武都古建彩绘是根据古建筑彩绘地方习俗审美的一种彩画技术。其美观程度与其他彩绘效果大致一样，通过前辈艺人的传授，结合当地文化特色，创造性地加入地域文化，进一步体现了当地的特色习俗与审美。代表性作品有《寺观彩画》《塑造佛像》《塑造神像》《宇宙壁画》《寺院壁画》《凉亭壁画》《藏式民族彩画》《工笔彩绘》等。

彩绘大多采用工笔重彩画法，一般画在布上，便于携带收藏，流行于天水陇南一带的水案，就是此类。从色勒、渲染十分细腻，毫发入微，工稳谨严，

即便是衣服上细小的图案纹样都画得十分精致，用色十分丰富，敷彩浓重，富丽堂皇。水陆画中也有少数兼工带写、粗笔重彩、水墨淡彩等其他画法的作品。人物形象设计有较为固定的模式，佛、菩萨、明王像需严格遵照仪轨，诸天、护法也都有传统的固定画法。道教神、民间神一般多采用汉族帝王、文臣、武将的形象，有一些程式化的画法。画师在绘制过程中，继承多于创新，尽管如此，许多画师还是在作画过程中发挥了自己的创造性，有自己的特点，从而使得水陆画的绘画风格呈现出多彩的面貌。

古建彩绘，不仅美观，而且有一定的防水性，增加建筑物寿命。古建彩绘在武都境内流传广泛，一般制作工艺分为以下三个步骤。

批灰打底　先将基层表面清理干净，满刷一道用三倍松香水稀释的生桐油，干燥后打磨扫净，然后用较细的油灰腻子满批一遍，不要太厚，但要密实，平面用薄钢片刮，曲面用橡胶板刮。干后满磨，要将板迹和接头磨平，扫清掸净。随后用更细的油灰加入少量光油和适量水调成的材料满批一道，厚度约 2 毫米。干后磨至表面平整不显接头，扫净浮灰，接着满刷没有加过稀料的原生桐油，并渗进油灰层中，达到加固油灰层的目的。表面如有浮油及时擦净，等干透细磨、扫清掸净。

绘图放样　基层处理完成后，即可测量尺寸绘制图样。先准确量出彩画绘制部位的长宽尺寸，然后配纸，以优质牛皮纸为好，长宽不够可以拼接。彩画图案一般上下左右对称，可将纸上下对折，先用炭条在纸上绘出所需纹样，再用墨笔勾勒，经过扎谱后展开即成完整图案。大样绘完后用大针扎谱，针孔间距两三毫米。扎孔时可在纸下垫毡或泡沫等，如遇枋心、藻头、盒子等有不对称纹样时，应将谱纸展开画。在对构件放样前，用砂纸将生油地仗满磨一遍，用水布擦净。接着定出构件的横竖中线，将纸定位摊平，用粉袋逐孔拍打，使色粉透过针孔印在地仗上，则彩画的纹样便被准确地放印出来。

设色涂刷　传统彩画是程式化的图案，其设色有一定的规律。一般以明间为基点、上青下绿、青绿相间为原则。水平方向是：

明间上青下绿，次间上绿下青，再次间又是上青下绿，以此类推。和玺彩画、旋子彩画和苏式彩画的设色规律基本相似，新式彩画则没有固定的设色规定。彩画着色是一项关键的工序，不能有半点差错。工匠们为不同颜色设定了代号，一米色、二淡青、三香色、四硝红、五粉紫、六洋绿、七佛青、八石黄、九紫色、十黑烟、十一红等。将代号直接写在地仗上，然后根据色号将各种色料对号入座，涂刷着色一二遍，待干后再刷一遍光油罩光，以起保护作用。彩画所用色料一般均为各色成品油漆。

2014 年古建彩绘申报为市级非遗保护名录，市级代表性传承人有赵世龙、唐景瑜、郭小合。

（资料整理　张　鹏）

泥 塑

泥塑是武都古老常见的民间艺术，它以泥土为原料，用手工捏制成型，或素或彩，以人物、动物为主。泥塑一般选用带有黏性又细腻的土，经过捶打、摔、揉，有时还要在泥土里加一些草叶、棉絮、纸、蜂蜜等。

泥塑的制作过程一般分为四步：一是制子儿。制子儿就是制出原型，找一块和好的泥，运用雕、塑、捏等手法，塑造好一个形象，经过修改、磨光、晾干后即可，有些地方还要用火烧一下，加强硬度。二是翻模。翻模就是把泥土压在上面印成模子，常见的有单片模和双片模，也有多片模。三是脱胎。脱胎就是用模子印压泥人坯胎，通常是先把和好的泥擀成片状，然后压进模子，再把两片压好泥的模子合拢压紧，再安一个"底"，即在泥人下部粘上一片泥，使泥人中空外严，在胎体上留一个孔，使胎体内外空气流通，以免胎内空气压力过大破坏泥胎。四是着色。一般着色之前先上一层底色，以保护表面光洁，便于吸收彩绘颜色，彩绘的颜料多用于传统颜料，调以水、胶，以加强颜色附着力。

泥塑，2011年申报为市级非遗保护名录，代表性传承人石高文、石根军。

（资料整理　尹利宝）

武都民间布贴画技艺

　　武都民间布贴画技艺的基本内容有两个，一是提供一种真正意义上以色布代替笔墨来绘画的布艺贴画工艺，该工艺加工的布艺贴画感官细腻，色彩丰富，造型优美，协调柔润，惟妙惟肖，无贴痕；二是充分利用纺织行业产生的废布料，变废布料为工艺品。

　　技术特点

　　一种布艺贴画制作工艺，利用布料本身所具有的色相、纯度、明度以及纹理图案在画布上成画，其主要工艺流程如下。

　　1.设计：主要包括构图设计、彩图设计等。

　　由于布艺贴画图样线条受到布料的限制，所以设计人员不仅要具备一定美术绘画功底，还要熟悉布艺贴图的制作工艺，在创作时充分考虑工艺特点，作品以写意为主，使产品具有整体与和谐美感。

　　2.绘样：将设计好的图案用白描的形式在图纸上进行勾勒。

　　3.用针刺样：将勾勒好的图案用针刺到塑料纸上。

　　4.刷花：将画布抻平，四周绷紧，固定在画框上，将刺样塑料纸覆盖在画框适宜位置，

用笔刷刷花，刷花的力度
不能过重造成墨迹堆渍，
要轻淡而清晰。

5.配料：根据绘画所
需要表现的颜色挑选布
料，把布料粉碎制得色布，
并按色彩系列分装，便于
创作时取用。

6.粘贴色布：根据图案所要表达的意境，分出虚实关系，突出主要内容，确定块面之间布色的深浅度，粘贴的顺序由浅到深、由次到主、由虚到实，先用浅色分出形体大貌，然后再用不同深度的颜色多层次塑造，层层加厚，或盖或留，形成色块对比。

7.整理定型：将画布从画板上揭下，抖掉多余的残渣，清除未附着的刷花墨迹和其他的脏污，定型整烫，挂在干燥处彻底晾晒。

8.装裱成画：对整理定型好的布艺贴画作品检验无误后装框。

制作材料

1.凤尾纱：指各种颜色的全棉织布，它不仅不褪色、不缩水，而且色彩丰富，更具有深浅自然过渡的特点，并且它的质地柔软、易粘贴，是制作布艺画的理想材料之一。凤尾纱织布有上百种颜色，每种颜色都用编号来区别。

2.棉布：可以用于人物的服饰、卡通动物等。

3.人造棉：经过染色后可做底板布，也可以做各类花卉和人物服饰等。

4.丝、绸、缎：质地薄、软、滑，可以做人物服饰和花卉、动物等。（以上材料容易造型、易于粘贴，是布艺贴画最理想的主要材料）

5.定型棉：为了使作品具有很强的立体感，而采用凤尾纱与硬纸板中间使用的衬垫材料，也是软拨工艺手法的必需材料。

6.硬纸板：用来拓描画稿及裁剪画稿的底版。

7.复写纸：复印图样用。

8.白乳胶：粘合用（熊猫牌）。

9. 美纹纸：加固作品用。

10. 双面胶固定画面与底版使用。

11. 绣花线：各种颜色纯棉绣线，浆裱后的绣线易于造型，用来做叶片脉、人物及动物的五官、花蕾中的花丝等。

12. 卡纸：将完整的布艺贴画固定在卡纸上便于配镜框或保存之用。

主要工具

剪刀：尖头小刀（用来裁剪图案、布料等）。

拨针：粘胶和拨压布的毛边之用。

镊子：用于小花片及花样定位用。

粗子：较长粗针，用于拨褶手法。

铅笔：描图用。

软板刷：上裱时整理用。

塑料板或瓷砖：制作时作垫板用。

制作步骤

1. 描图：用铅笔把反图用复写纸描在纸板的反面。

2. 标色：把选定好的凤尾纱的编号标注在每一个分割片上。

3. 画毛边：在分割片搭接处要留有毛边，并在反图上标之。

4. 剪硬纸板：按图样剪下硬纸板，要注意边缘整齐圆滑，不能有棱角。

5. 粘贴定型棉：在有画稿的硬纸板正面均匀涂上白乳胶并粘贴定型棉，然后按板样裁剪，边缘要齐。

6. 裁剪凤尾纱：根据配色的要求，把纸样取最合适的位置，并留包边 3 毫米左右后剪下（即称为开纱）。

7. 包边：在包边上剪刀口（便于弯曲部位粘贴），然后用拨针把白乳胶抹在包边上，再用拨针将包边拨压在硬纸板反面。

8. 拼接：将做好的花卉或叶片，按正图样在毛边处涂上白乳胶后按图拼接，然后按图样将花朵与叶片拼接成完整的画样。

9. 组装：把组合好的整幅画反面加粘双面胶，并粘贴在卡纸上。

10. 装裱：一幅布艺画配上一个精美的画框才能使其成为一件完整的工艺品，并把印章粘贴在合适的位置上。

（资料整理　王晓玲）

剪　纸

　　剪纸，又称刻纸、窗花、剪画，是民间艺术中最普及、最广泛流传的品类之一，而且风格多样，极具地方特色。剪纸在武都民间流传分布广泛，几乎各乡镇村落都有流传。

　　剪纸的历史可追溯到西周时期，相传那时人们已用梧桐叶剪制饰品，而真正意义上的剪纸，是汉代造纸术发明之后，有了纸，才使剪纸艺术出现、普及和发展。在宋代，随着造纸技术的成熟，纸品种类日趋繁多，为剪纸艺术的发展提供了条件，到了明清时期，剪纸工艺走向成熟，达到了鼎盛。武都剪纸具有悠久的历史，早在汉唐时期就已流行，以其特有的普及性、实用性、审美性传承至今，倍受人们喜爱。

　　民间剪纸是民俗文化的一部分，据南北朝时梁·宗懔著《荆楚岁时记》中记载："正月七日为人日，以七种采为羹，剪采为人，以贴屏风……"唐诗也咏及剪纸风俗，李商隐《人日即事》诗云："镂金做胜传荆俗，剪采为人起晋风。"自唐迄清以来，自民间至宫廷形成了剪纸的习俗，至今各地婚丧嫁娶或时令节日也多有剪纸相随的习俗。武都民间剪纸基本属于秦陇文化体系，又受巴蜀文化影响，既与质朴、稚拙的陕西民间剪纸一脉相承，也兼备南方剪纸精细的特点，在粗犷中间天真，于精细中见匠心，浑厚者茁壮有力，玲珑者秀美雅致。

武都民间剪纸是劳动群众，特别是农民和农村妇女的重要艺术活动之一，她们借剪抒怀，诗化生活，"闺妇持刀坐，自怜剪裁新。叶催情缀色，花寄手成春。"正是如此，民间剪纸艺术的题材内容是与劳动群众，特别是农村生活密切相关的，也总是依附于

民俗活动和体现民俗观念。在生产和劳动生活中，劳动群众喜欢的家禽和家畜（如鸡、羊、牛、马等），喜闻乐见的动植物（如狮、虎、牡丹、梅花等），以及寓意喜庆吉祥的题材（如三阳开泰、梅献五福、麒麟送子等）和传说故事、戏曲人物，是剪纸艺术常常表现的题材，体现出劳动群众饱满、亲切、纯真的思想感情和独特的审美情趣。

武都民间剪纸在刻画艺术形象上也有自己的特点，因为使用工具和材料的简单，不能表达很大的场面和复杂的层次，只能通过镂空形成色、白对比和物体的连接来刻画形象。又因受秦陇文化和巴蜀文化的双重影响，武都民间剪纸风格古朴者粗犷奔放、简单明快，用夸张、变形等手法和简练的线条刻画形象，带有浓郁的地方色彩和乡土气息；风格玲珑剔透，纤细秀丽，色调明快而鲜艳，因此创造出极富情趣的艺术形象。

民间剪纸用途广泛，如做刺绣花样、节日窗花、傩祭"花花纸"、丧葬"引魂幡"以及灯彩装饰等，最常见的是窗花和灯彩装饰。每年过春节，人们都剪窗花贴在窗户上，窗花在题材内容上相互配套，在表现形式上互相呼应，营造出春节红火的氛围，装饰出清新亮堂的环境。至于灯彩人们再熟悉不过了，在元宵花灯、社火掌灯上饰以各式各样的剪纸作品，待夜晚上灯后，

百花齐放，姿影绰约，灯火阑珊，其景象美不胜收。

1949 年，郭沫若同志为《剪画造胜》一书题词道："曾见北国之窗花，其味天真而浑厚，今见南国之剪纸，玲珑剔透得未有，一剪之巧夺神功，美在民间永不朽。"武都地处甘肃、陕西、四川三省交界处，素有"秦陇锁钥""巴蜀咽喉"之称，因其特殊的地理位置，受秦陇文化和巴蜀文化影响，武都民间剪纸既有北方剪纸的特质，也兼备南方剪纸的特点，这也是武都民间剪纸艺术的最大特点，郭老的这首诗也是对陇南民间剪纸最恰当的写照了。勤劳的劳动群众凭着简单的一把刀、一张纸，创造出了许多生动活泼、富有情趣的艺术形象，以其富有丰富想象力和创造力的剪纸图像，使人们感受着民间文化强壮的生命力和积极的文化价值。

民间剪纸手工艺术以雕、镂、剔、刻、剪的技法在金箔、皮革、绢帛，甚至在树叶上剪刻纹样。我国最早的剪纸作品发现，是在 1967 年我国考古学家在新疆吐鲁番盆地的高昌遗址附近的阿斯塔那古北朝墓群中，发现的两张团花剪纸，他们采用的是麻料纸，都是折叠型祭祀剪纸，他们的发现为我国的剪纸形成提供了实物佐证。

剪纸的工具主要是剪刀、刻刀、蜡盘、磨石、粉袋。

1. 剪刀：是剪纸的主要工具。市场上出售用于裁剪衣料的普通剪刀就可以了。挑选比较轻巧，刀尖比较细一些的，松紧适度，刀尖齐刀刃快的就更为适宜。

2. 刻刀：是刻纸的主要工具。主要是斜尖刀和圆口刀两种。文具商店均

有出售。刻刀比较简单，自己可以动手做。

3. 蜡盘：用一块 15 至 20 厘米见方的木板，四周钉上 1 厘米宽的木条，木条要高出木板 1 厘米，然后用筛过的草木灰与黄蜡一起在锅里加热搅拌，倒入木板里，压平冷却即成，这种蜡盘用起来非常舒服。实在没有条件做蜡盘的话，用三合板代替也可以，但三合板质地硬，易钝刀锋。

4. 纸张：是剪纸的基本材料，纸张选择得好，能为剪刻带来很多方便。单色剪纸一般选用国内市场上出售的普通大红纸，或经染色后的宣纸，效果大方、喜庆，剪出的成品传统味道浓，每次可刻五六张。用蜡光纸或绒面纸代替，如果因纸面滑容易走样，中间可夹上一张吸水纸（如单宣纸、粉连纸）然后订在一起，稍加闷潮再刻。彩色剪纸一般采用单宣或粉连纸。另外，裱成后的绢也是一种很好的剪纸材料。

武都剪纸，2007 年申报为市级非遗保护名录。

（资料整理　袁长流）

武都面塑

面塑主要分布在山东、山西、河南、江苏、陕西、四川、上海。而武都面塑，地处秦巴山地，毗邻川、陕两省，融合了面塑的南北风格，形成了独特的艺术风味。

面塑，是指以面粉、糯米粉、甘油或澄面等为原料制成熟面团后，用手和各种专用塑形工具，捏塑成各种花、鸟、鱼、虫、景物、器物、人物、动物等具体形象的手工技艺。俗称面花、礼馍、花糕、

穆桂英挂帅

捏面人。据史料记载，中国面塑艺术早在汉代就已有文字记载，经过几千年的传承和经营，可谓历史源远流长，早已是中国文化和国民艺术的一部分。

武都自古就有供糕、花糕馍、春节馒头的习俗，吸收了北方的粗犷，融入了南方的细巧，形成了独特的武都面塑，深受本地老百姓的喜爱。由于地处秦巴山地，毗邻川、陕两省，使武都的文化更加灿烂，面塑由开始的花馍食用逐渐地转向观赏，而且由于武都特有的油橄榄的种植，让面塑的原材料加入武都特有的橄榄油和崖蜜，使其更具有延展性，更具有观赏的艺术价值。

据史料记载，面塑艺术起源的具体年代已不可考证，现存最早的古代面人，是出土于新疆吐鲁番阿斯塔那地区的唐代永徽四年（653年）的面制女俑头、男俑上半身像和面猪。到了宋代，捏面人已

经成为民间节令很流行的习俗。明清时期，面塑已经具有很强的艺术价值和经济价值，成为面塑艺人最重要的谋生手段。清代咸丰三年（1854年），山东菏泽穆李庄做泥塑的王清源、郭湘云等人采用染色的糯米粉捏面人（当地俗称"江米人"）销售，很受欢迎。光绪年间，天津出了一位"面人张"。他早年抄录戏曲，擅长校勘，人称"百本张"，捏面人的艺术精湛。

武都面塑传承人徐小兰扎根陇南武都传统文化，自小熟悉面塑技艺，并结合当地的特点，对面塑技艺更好地糅合；结合当地特产，使其材料配比不断完善，技艺不断创新，造型完整饱满，有的略显夸张，有的表现中国传统文化，手法简练，注重神气，色彩艳丽，充分让美与自然融合并成为人们身边看得到摸得到的美，让面塑不仅仅是赏玩品，更具有很强的社会教育功能。西方有各种风格的教堂雕塑，我们也可以通过传统的面塑向人们传递历史的信号，潜移默化地启迪智慧，让面塑在武都更具有文化传承的意义。

武都面塑的制作工艺大致分为和面、蒸面、调色、捏制装饰。

1. 和面：选取小麦粉、糯米粉按比例混合均匀，添加防腐剂、蜂蜜、甘油、橄榄油等揉成韧性面团，不容易腐烂和开裂。

2. 蒸：将蒸好的面放置 7—10 天。然后根据需要配制各种颜色的面料。

3. 捏制：捏塑是面塑的一道重要工序，各种形态的作品全凭艺人的一双巧手。将头部肩部形状捏出，整个头部造型最为重要，运用滚、捏、塑、挑等手法，取少量面团调制嘴唇、眼睛、眉毛、眼线等，将衣服颜色调出，运用擀面杖一层层擀出，有的人物衣服需要塑形，根据每个人物需要转换手法。

4. 装饰：根据人物作品要求进行装饰和绘画处理，使其细节更突出，作品更灵动鲜活。

具体内容如下：

1. 将面粉、橄榄油、崖蜜、糯米粉，按比例混合揉捏，放置两小时再进行揉捏，如此反复三次，放入塑料袋，蒸制半小时，放凉备用。

2. 将和好的面，上锅蒸制，工具用油擦拭备用。

3. 取蒸好的原面一块，扣入盒中备用，再取原面一块，按比例将两款面混合揉制，加颜料调色（颜色从少到多）。

4. 将头部形状捏出，整个头部造型最为重要，运用手法最为复杂，滚、捏、塑、挑等手法。

5. 取少量面团调制嘴唇、眼睛、眉毛、眼线等。

6. 将身体大致的造型运用塑的手法做出，颈部与身体结合。

7. 将衣服颜色调出，运用擀面杖一层层擀出（有的人物衣服需要塑形），根据每个人物需要转换手法。

8. 用搓花、嫁接等手法将发饰、背景完整做出。

相关工具及其作品

工具有小竹刀，牛角工具套（自己手工磨制），擀棒，剪子，刀片。

欧式娃娃与精灵

作品有《精灵》，作品取材于现代与科幻，表现可爱的自然风，这个作品更多唤起人们柔软有爱的内心，向往美的生活，而且容易上手，更好地让大家参与其中，感受传统技艺的伟大。

《武都高山戏》系列作品取材于武都高山戏，吸收了高山戏服饰造型，用面塑形式表现出来，将武都的高山戏文化推广传承。

《文县白马藏族》系列作品取材于文县白马藏族，融入了白马藏族传统服饰造型特色，用面塑的形式表现出来，让更多的人去发现这个神秘的民族，感受白马人独特的魅力。

《荷塘》《史湘云》《穆桂英挂帅》《观音》《昭君出塞》等这一系列的作品，都依托中国传统文化而生，人物比例和衣服造型加入了一些现代的元素，让人们感到与传统文化的距离并不遥远，感受传统文化的特殊魅力，从而萌生探究传统文化的想法，原来我们对传统也有心动。

（资料整理　徐小兰）

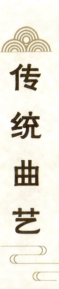

传统曲艺

曲艺是中华民族各种『说唱艺术』的统称，它是由民间口头文学和歌唱艺术经过长期发展演变形成的一种独特的艺术形式。据不完全统计，至今活在中国民间的各族曲艺曲种约有400个。

阶州唱书

以乐器伴奏，说唱故事，称为唱书。阶州唱书，因流传于阶州（现武都区）而得名。阶州唱书主要流传于武都、文县、康县、徽县及甘南藏区等地，是由明末流行于四川的"唱故事"演变而来的。随着甘川古道茶马驼队进入这一地区，其中有一个叫范坨子的艺人最为出色，早期在文县碧口表演唱书，共收六个徒弟，后定居阶州一带，从此，阶州唱书便在甘肃南部流传开来。

阶州唱书以武都方言吟唱，它是农耕文化恬静生活里的一种大众文化的便餐。唱书在新中国成立之前广泛流传，新中国成立后仍普遍传唱，到了"文革"期间，由于它是典型的"四旧"，自然在劫难逃，从此销声匿迹。

阶州唱书的书目有《邓召传》《过巴州》《肖三姑》《见红军》《琴房送灯》《一把刀》《娘儿俩辩理》《商雪传》《百花楼》《蜜蜂记》等传统剧目。

阶州唱书所具有的特征，一是以唱为主、以说为辅。所唱内容大多是民间故事。唱书表演并不是单纯的唱，而是有说有唱，但是没有乐器、行头，纯粹是清唱，间以少量的道白。二是不同于表演曲艺，它不搭台，不设场，只是独自一人摇头晃脑地吟唱，

让人欣赏。三是不同于其他表演艺术，要求博学强记，或用多种肢体语言，唱书人完全稳坐椅凳手捧黄卷照本吟诵。四是不同于舞台戏词，除了少量的道白的长短句外，完全是五字或七字的叙事长诗。五是不同于其他戏曲有多变的曲调，而是基本以当地流传的民间小调为调，一调到底。

阶州唱书在《中国曲艺志·甘肃卷》中占有一席之地，是甘肃独一无二的民间说唱艺术。2007 年被陇南市政府批准为市级非物质文化遗产保护名录。

主要传承人有范驼子、顾杰等。

传统医药

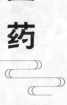

传统医药，非物质文化遗产名录的一个名录项。宪法第21条规定，国家发展医疗卫生事业，发展现代医药和我国传统医药。习近平指出，传统医药是优秀传统文化的重要载体，在促进文明互鉴、维护人民健康等方面发挥着重要作用。

三脉疗法

三脉疗法，发源于陇南云雾山道观，流传分布于武都、康县、徽县、两当等陇南各县。历史悠久，流传分布区域广泛。

张氏三脉疗法有文字记载的源起为清朝同治十二年的张连甲，字鼎臣。至今已有 145 年的历史，历经六代传承，在传承过程中张氏三脉疗法集百家之长，融会贯通了密宗、道医等治疗方法，形成自己独到的治疗体系。

三脉是精、气、神的总汇。入脑、入髓、入肾；三脉为阳脉之海，为人体先天阳气生发之源。三脉受阻，八脉不通，十二经络淤堵，产生全身关节疼痛。历代中医大家指出三脉主人体所有的阳气升发，调节十二经脉，奇经八脉，如颈椎、腰椎、四肢关节。三脉不足，人体虚寒怕冷，手颤抖，乏无力，阴阳失调。三脉影响神识，如脊柱强直、脚弓反张、头痛、眩晕、失眠多梦等。现代医学提示，三脉连于颅脑中枢、脊髓中枢，与植物神经功能、神经内分泌功能密切相关，涉及精神系统疾病、骨关节疾病等。（密宗指修行者凝练精、气、神，强化三脉为主导；三脉为三龙，三脉统率左右中脉；道家指督脉；医家指奇经、八脉、陀夹脊穴，法不同道相同。中医把人体阳气的源头称为龙，龙也为中华的图腾。）

治疗步骤大致如下：祭祀→望形步→问脉点→切虚实→摸龙形→釜龙→惊龙→醒龙→引龙→双龙戏珠→双龙互生→逸龙吐纳→火龙→游龙→三龙驾銮→三龙飞腾→伏龙→寝龙→藏丹→缚龙。

重要价值

三脉疗法是中华医学整体观的体现，强调人体的阴阳平衡，以另一种形式表达中医文化的璀璨，中国医学历史的悠久。在人类抗击疾病斗争中，中国人民以独特的智慧创立了丰富多彩的治疗方法，设立了理、法、方、药内服体系，开创了膏、丹、丸、散、便携药系，仿效及应用自然界的一切物质，创建了五禽戏、导引术、按摩术、易筋经、拔罐、刮痧、针灸等传统外治体系及各民族特色鲜明、疗效独特的其他治疗体系。三脉疗法是集中国古老的气功、点穴、正骨、拨筋、按摩、推拿、捶打、刮痧、药熏、药油、药酒、药膏、防疫（朱砂）为一体

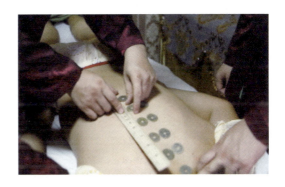

穴位放松

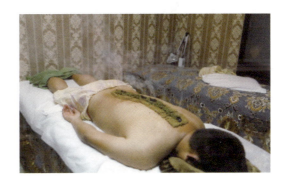

的治病、养生、防病为一体的中医传统疗法的集成。

操作原料

艾绒、药酒、药姜粉、药膏、药浴、朱砂、药油、嗅鼻散。

操作用具

香炉、治疗碗、治疗巾、治疗车、脉枕、木桶、木槌、麻钱、刮痧板、针灸针、药刷。

（资料整理　张星元）

传统体育、游艺

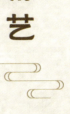

传统体育、游艺,指源于中国民间传统游戏或体育项目,具有健身性、趣味性。便于参加,便于普及。形式文明健康、内容活泼。具有独创性,不抄袭现有体育项目,但可加工、创意。

踢毽子

　　踢毽子是儿童在冬季常玩的游艺活动。踢毽子不仅可以健身、娱乐、益智，还是一项竞技活动。踢法有踢、盘、粘、勾、拐、剪、转、跳、蹲等多种。在热身娱乐时，多选用三至五个动作，每个动作进行三至五次，直到将三五个动作踢完，毽子没有离脚，才算结束。在多人踢毽子比赛时，先用手心手背的方法分出两组人马，双方再确定先手，即双方各出一人进行"砂锅子舀水"的猜拳，决定胜负后，胜者便为先手，开始按照约定好的一套由几个动作组成的踢法进行，如果先手将一套动作踢完，毽子没有离脚，而另一方在踢的过程中离了脚，先手为胜。这时，负方出一人，亲手拿起毽子送到胜方先手的脚上，由先手使劲将毽子踢得越远越好，负方争先恐后去追赶拾毽子，胜方全部人马去拦截不让其捡到毽子，拦截成功，才算先手最终为胜方。如果负方捡不到毽子，负方就继续踢，如果踢得成功无误，双方就重新按规则比赛。

捉迷藏

　　武都人叫"藏摸摸伙儿"，多在男女儿童中进行，一年四季均可。在农村，孩子们玩捉迷藏，多在自家的院场进行。院场里的房、厕所、鸡圈、猪圈、牛圈、柴房等，都可以作为躲藏的地方。在捉迷藏时，由先手们快速跑到各处躲藏起来，还要不发出任何响动。对方蒙着眼睛口中数数，从一数到十再睁开眼睛，开始去各处寻找对方，直到全部捉住算胜。如果没有全部捉到，缺几个就要被罚。有时候，院子里的果子熟了，被罚者就上树摘几个果子奖给胜者。有时候输家唱一首歌，就算认罚了。

跳　方

　　跳方是一种以女孩为主玩的游艺活动，多在春、冬、秋季节进行。方法是：在约六平方米的场地上，画若干个二尺见方的方框，方框的数目，可以双方约定，这就是所谓的"方"了。双方开始以"砂锅子舀水"猜拳，胜者为先手，先手先跳。

吹响响

吹响响是男孩子在春季野外玩耍的游戏。春天来了，河边的柳树发芽长成了柳条，这时，选一根筷子粗细的柳条，截成三至四厘米短条若干个，拿回家用凉水浸泡一夜，这时柳条就发软了。将此用两手搓几搓，表皮就从木质上分离下来，将一头捏扁，用小刀刮薄，含在嘴里，双唇松紧适当夹住，用力吹起，就可以发出响亮的声音。春暖花开的时候，大家到江边去玩，玩的同时，嘴里吹着响响，看谁吹得最响亮，谁就荣耀。还有一种响响，是用即将成熟的稻子秆儿（必须粗细均匀）做的。在稻秆儿秆节处截断约十厘米长，再在靠秆节一厘米处用小刀依秆圆圈划约二厘米的长缝，将其从中间对折而不断，就像两只随口对扣的伞。然后在其一厘米处按一定比例划截出六个小眼，这个响响就做成了。吹时，要合上伞状留点小缝含在嘴里，双手六个手指按住小眼交替张开，就发出七个高低不同的音调来。

套 绞

　　套绞有的地方叫翻绞绞，是女孩子们一年四季都在玩耍的游艺活动。翻绞绞参与者为二人，道具是一根约一米长的粗线绳接成的套环。这种游戏必须两个人友好合作，不能耍赖捣鬼。两个人以"砂锅子、锤头、河"决出先手，先手先翻。另一个人伸直两只手，手指分别伸进环套两端并将环套撑开，呈方形。先手则用两只手的十个指头采用"勾、挑、翻、窝"等动作，将环套翻动。在翻动的过程中就形成了如马槽、剪刀、太阳、莲花、筷子等形状。谁翻得花样多谁赢。

滚铁环

　　滚铁环是男孩子玩耍的活动。这是一种体力活动,大体在冬、春季节进行。滚铁环,即手持铁钩钩住圆形的铁环,在马路上或者小巷里随着人走的速度节奏滚动而不让铁环倒下。铁环是用铁丝做的圆圈。小时候没有好的铁丝,用的是八号铁丝。后来有了钢筋,就用小拇指粗细的钢筋来做,做得越圆越好看。但是,铁环做好后,接头衔接是个问题,往往有的孩子用线绳扎牢就行了,这样滚的时间不长断了又得扎,还影响美观。后来就拿到铁匠铺子里去用锡来钳。钳好再用粗砂纸打磨一下,就结实了。

　　滚铁环是一种随意性很强的游艺活动，小朋友从五岁开始玩，上了初中还在玩，已经玩得有花样了。用细钢筋做铁钩，末端还镶上木手柄。手柄是家里废弃的菜刀把、铲刀把。这样铁钩就很美观、结实了。还用两种不同颜色的漆刷在铁环上，滚起来好像花蛇在游动，还要在铁环上套四个用细铁丝做的小圆圈，也随着转动，并发出"沙沙"声，遇到小沟、小坎、小水滩也要穿过，十分爽快。

　　滚铁环还是一项竞技活动。一般分白天比赛晚上比赛。白天的比赛方法，是在大约30平方米的平整场地上，画一条弯曲的线，然后按一定的比例插上竹棍，难度越大越好，铁环就绕着这些竹棍转动，要保持滚动自如不倒，一直走出曲线圈子就获胜。接着获胜方进行下一个项目，就是跳高。用三根竹棍扎一个门槛，共扎三个，分别按一定的比例插在场地上，高度分别为四寸、六寸、一尺。铁环要保持一定的速度，靠近门槛时，猛抬铁钩让铁环跳过门槛，这样才算赢。还有一种晚上玩的火铁环，就是在铁环上缠一些薄布条，将其在煤油里浸透（或抹上机油）后点燃，晚上滚动非常好看，显得非常热闹。

拷鸡儿

　　"拷鸡儿"，在一些地方叫"斗鸡""斗鸡公"。拷鸡儿，就是方言，是一种男孩子在冬天玩的游艺活动。这种游戏很简单，就是将右腿从膝关节处盘起或夹住，并用一手抓住右脚踝关节，用左脚着地单跳，并且以左脚为轴，采取撞、拐、掘、砸的动作，以盘起的右膝盖为用力点，迫使对方身体失去平衡，以至松开盘起的右腿而倒地。右腿一旦着地，就算犯规被罚下。两伙人游戏时，不用确定先手，直接进入比赛。比赛前，两伙人中的头儿要进行分工，按照对方各自的势力进行人员搭配，往往是强对强、弱对弱。进行过程中，参加比赛者盘起的腿子如果落地或倒下就算输。

打三角板

　　把香烟盒拆开，折叠成三角形（也有用纸折成的四角形叫四角板）。打三角板是男孩子一年四季都玩的一种游艺活动。三角板在地面上打，参加者一般是两人。有的朋友熟了，就不用争先手，谁打谁都可以；有的朋友就不行，非得自己先打，怕输。用"砂锅舀水"的办法确定先手，另一方则将自己的三角板放在地上，还要用脚踏几下，这时三角板已经完全贴在地面而不露出棱角，先手用自己的三角板打，如果打翻了，这个三角板就归自己了；如果没有打翻，这时先手就将自己的三角板放在地面上，让另一方来打，循环往复。最后谁赢得多谁就荣耀。那时候的三角板烟盒牌子有"大前门""红牡丹""蓝牡丹""大重九""骆驼""蝴蝶""三枪""海河"等等，现在大多见不到了。

（资料整理　马长征）

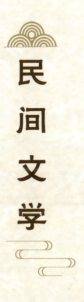

民间文学

民间文学是『五四』新文化运动后出现和流行的学术名词，是指民众在生活文化和生活世界里传承、传播、共享的口头传统和语辞艺术。从文类上来说，包括神话、史诗、民间传说、民间故事、民间歌谣、民间叙事、民间小戏、说唱文学、谚语、谜语等。

松赞干布迎亲记

　　松赞干布迎亲记，主要流传于陇南市武都区坪垭藏族乡。坪垭乡位于县境西北部，距县城 38 公里。面积 94.5 平方公里，人口 0.5 万人，均为藏族。辖风和、崇山子、坪垭、旧墩、腰道、赵杨坪、鹿连、蛾儿、铧嘴里 9 个村委会。地处白龙江南岸山腰地带，自然植被良好。农业主产小麦、玉米，盛产胡麻、油菜籽、棉花等。2018 年坪垭藏族乡 1000 多户从大山深处搬迁到角弓陈家坝，从空中俯瞰，武都区坪垭藏族乡易地搬迁安置点如一朵盛开的莲花，5000 多人的幸福生活都将从这朵莲花中开启。

"松赞干布迎亲记"在坪垭地方藏语中统称为"南木特"，它主要取材于唐贞观年间（627—649）年轻的吐蕃英主松赞干布派遣大相禄东赞为请婚使者赴长安请婚，在请婚过程中，发生了很多曲折磨难的故事，最终，唐太宗答应将宗室之女文成公主嫁给英勇神武的吐蕃赞普松赞干布。文成公主知书达理，博学多才，笃信佛教，兼通占卜之学。在入蕃时携带了大量的佛像和物品，同时将中原的医药、历算、纺织、造纸、酿酒、制陶、碾磨等技术也一并带入吐蕃，对吐蕃的经济、文化的发展以及唐蕃友好往来起到了重大的作用。松赞干布去世后，她继续在吐蕃生活了30年，教吐蕃妇女纺织、刺绣，深受吐蕃人民的敬爱。而松赞干布在他很年轻时就当了赞普，性格骁勇、足智多谋、勇敢善战，带领他的部下，用武力征服了青藏高原的许多部落，从而建起了青藏高原上强大的奴隶制政权。以拉萨（逻些）为首都，当时的吐蕃已经打败吐谷浑国，成为西南举足轻重的强邦，唐太宗深谋远虑，觉得只有对吐蕃进行笼络，才能保证大唐南边陲的稳定，因此，千方百计地对吐蕃的经济和文化予以协助，使吐蕃在潜移默化中感恩和追随大唐，文成公主实际上就是肩负和睦邦交的使命远嫁到吐蕃的，松赞干布为感谢大唐公主的远嫁在拉萨修建了大唐风格的十三层宫殿（即当今的布达拉宫）作为文成公主和他的行宫。

坪垭藏乡松赞干布迎亲记以松赞干布迎娶文成公主为历史背景，由夏河拉卜楞寺院读经修习的僧人阿克桑吉依据经文记载编写，于20世纪50年代初把剧本从寺院带回家乡，语言采用坪垭地方方言和藏文语言相结合编排而成，具有浓厚而独特的地方艺术风味，它融合了戏剧、音乐、舞蹈、

杂艺等艺术表演形式，整场演出剧目有《赞等》《冈坚欧记》《兰应堂》《坚固》《党先》等，古朴、纯真、唱腔优美、舞姿豪放是最显著的特点，老艺人的言传身教是主要传播方式。每逢藏历重大节日，坪垭藏乡《松赞干布迎亲记》的演出必会爆满，四面八方的朋友定会相约而至，共同观赏领略历史文化遗迹所带来的盛宴。

坪垭藏乡"南木特"鹿连村舞蹈队 1964 年在陇南地区"五一"剧团首次上演，1983 年，在原有剧本的基础上本地人孟才让人又进行了整理改编，其内容和形式才得以完善。

坪垭藏乡《松赞干布迎亲记》在传承的基础上逐渐吸纳了优秀的藏族歌舞和锅庄舞等元素，进一步提高了它的观赏性与艺术性，艺术表演形式和表演内容都具有十分宝贵的历史文化价值和社会价值，藏汉民族通过联姻等形式促进民族团结共同繁荣发展的历史故事的活化石，也是当前教育、影响和促进民族团结进步的文化艺术表演活读本。对弘扬民族精神，促进民族团结，共同繁荣，有着十分重要而又深远的意义。松赞干布迎亲记古朴、纯真的表演，优美流畅的唱腔音乐，体现了其不可估量的文化价值、社会价值与历史价值。

松赞干布迎亲记于 2014 年 8 月被陇南市人民政府公布为第三批市级非物质文化遗产保护名录。目前，市级代表性传承人为孟岩和孟三斤宝。

（资料整理　王福忠）

龙凤山奇景

　　传说，亿万年以前，龙凤山周边是海洋，龙凤山是海上的一个小岛，观音菩萨在小岛上修炼着哩。小岛半个儿是观音菩萨的莲花池，池边边儿停着一只小船，观音菩萨时常变身，坐上小船出海。后头大海连莲花池都干了，池后头的莲花、莲籽连她的小船全部都变成了石头。观音菩萨坐着莲台石上，远远儿地看着西天，想着她的天国生活。后头观音菩萨离开这哒云游普陀山去了，给这哒留下了石头的莲花、小船，连美丽的故事传说。只要是上龙凤山转的人，都要连石莲花瓣上转嘎子，小石船跟前看嘎子，莲籽变下的石凳子上坐嘎子。外个莲籽石着转的人坐来坐去，坐得光溜溜的了。

　　小名山连中山中间的垭壑下面有一个石莲花，上面有一个大石头，立着一头白象；中山石莲花北面的悬崖上有一个青狮半蹶半卧着哩。这青狮、白象是看守观音菩萨莲池的，大海连莲花池干了以后，它们阿变成石像了，常年连外哒，一个立着，一个半卧着。

　　在中山石莲北面个的悬崖上，有一个小小的神洞，深得没影影儿，它是观音菩萨看天气用的。如果洞后头有雾冒着出来，肯定变天气唉，要么下雨，要么下大雪。老百姓说它是观音菩萨留下的看天气的神洞。

　　在小名山东面个的石壁悬崖上有一个石洞，深得阿没影影儿，叫的黄公洞。黄公是秦代的东海人，会法术，能降虎，他腰里拤着赤金刀，用大红头巾扎着头发，驾着云朵游历天下。有一天黄公云游着名山上面空中，看着这哒有三个稀不清秀的山峰凸着起来，好看得连画儿样的，想落着地上歇下好好地看嘎儿。他可没法连山头上歇脚，要有一个洞府才成哩，他就连个家手里的赤金刀往半崖上一指，就有一个洞出来了。黄公把驾的云头落下，可叫着来了一只老虎，着它卧着洞外面，看守洞门，他就进洞歇去了。他这时候出洞到各山头上看嘎儿风景。黄公连龙凤山转了几天以后，一天要离开龙凤山唉，他出洞以后，看着老虎连外哒睡得正香着哩，就连手里的赤金刀一指，老虎立马变成石像了，肚皮上还给横穿了一个洞。老百姓不知道这是怎么回事，连砍柴的时候看着了一个石洞，洞口有一个石头样子像黄瓜，就把这个洞叫的黄瓜洞。砍柴的人可看着左面个一个石嘴子像老虎，就叫成老虎嘴；还看着石嘴上有一个洞，洞口两面个稀不惊险，老百姓就把它叫成天桥洞，还叫的通天桥。

在中山的北面个，汉王到甘泉马路下面的林荫后头，一个小山嘴半个儿，竖着一个细长细长的大石头，远处儿看近处儿看，左面个看右面个看，都像神了观音菩萨连林荫底下立着的样子。老百姓都说，外是石观音，还把它当观音菩萨拜着哩。在石观音右边有十五丈远的地方，有一个清泉，名字叫的观音泉。传说，在亿万年前，这哒的大海、莲池干了以后，观音菩萨连这哒点石头变成个家神像，还连左面个留了一眼清泉，泉水冬暖夏凉的。老百姓说，这是观音圣水，是观音菩萨大慈大悲，专门给这里老百姓留下的一眼泉水，是把她的净瓶水洒着人间了，老百姓喝了泉水以后，大吉大利，万事如意，能消灾避难，能防治各种疾儿病儿地，还能滋润肉皮子，着人脸色一红二白，又水灵又喜啦。远近庄上的老百姓常连观音泉喝水，要么就连罐子往回提水。泉水离人庄远，还是神水，没人敢弄脏，老百姓就把它保护得稀不好，一直清耶耶地，干净得很，没有一点污染。神水喝上稀不清凉爽快，吉祥如意。凡是连龙凤山转的人，都要连观音泉喝上一口凉水，有的还专门提的罐子装下的水抱着回去，全家子喝哩。

在中山东面个山腰有九十丈的地方，有一个长方形的石桌子，宽有五尺米，长有六尺，面子上稀不光滑平整，上面个有大小不一样的八个窟窿，半个儿有几个石凳子，还有一个泉水。传说，在老远老远以前，八仙连万象洞降妖以后，有一天到龙凤山转着逛，他们看着一个石头桌子。汉钟离连铁拐李两个就坐下（hà）下棋开了，其他六个神仙，有的围着桌子看，有的连山头上看景着哩。他们八个神仙的杯子放着石桌子上，把石桌子烙了八个窝窝子。八个窟窿有大有小，两头子的窟窿有半尺大小，还有六个有一寸到三四寸大小的。八仙连龙凤山下棋逛，还转着看风景，几天以后连蓬莱仙岛去了，给龙凤山留下了石桌子、石杯子连美好的神话故事。

【相关链接】

　　龙凤山的石莲，是稀有罕见之物，共有五朵石莲，活生生地生长在龙凤山头的中山和小名山上。其中小名山这朵莲花是龙凤山最高的山峰（龙凤山海拔 2339 米指的就是这个山头）。小名山山峰，就像一朵巨大的石莲花，独独儿地立在云雾里面，真武殿就修在莲花台上面。大石莲旁边还有一朵小石莲。这一大一小就是龙凤山小名山上的两朵石莲。在小名山和中山中间垭壑的路下，有两朵石莲，也是一大一小。在树林下面，一朵大石莲上竖着一个大石头，像立着一头白象，游人到了这里都要走上石莲，爬在大象脊背上照相留念。小的一朵石莲在白象上面九丈多远的林中，像一朵绽开的莲花，在树荫底下开着。中山的石莲最神奇了，直径有丈五，周长足有四丈半，是一个很大的石嘴，就像一朵巨大的莲花，中间还绽开莲花瓣儿，更神的是莲心上还有一个莲蓬。石莲旁边有一个卧着的石头，样子像一条鲤鱼，边上还浮着一条小船。

（选自刘佐才《汉王三山》）

白龙升天

自古神话多奇事，龙神降着潭边去。

天旱就说有旱龙，吵得龙宫不安宁。

虾将请得白龙到，听后吩咐尽着闹。

白龙猛然跃上天，带起水花浪万千。

桓水改叫白龙江，新旧江名古今传。

白龙江原先叫的桓水，是咱们武都人的"母亲河"，她世世代代地养活沿河两岸的武都人着哩。传说，在老早以前，桓水边里的一个山前头有个桓水潭，驻守桓水潭的是东海龙王的三太子，是一条小白龙，这桓水潭底下有三太子小白龙的水晶宫哩。

有一年武都天大旱，地里干得裂下的大口子，庄稼青苗都干了，农民们急得团团转，远近几十个庄的老百姓，抬着几十个龙王神，降着桓水潭圆圈儿，把一个桓水潭一圈圈儿围住，说是桓水潭后头有旱龙王晒着哩，要打旱龙哩。白天价还就外么的了，一到黑了去，火把灯笼把一个桓水潭照得通明的。实际上几十个龙王神早就求了桓水龙王三太子，请他引上众龙神上天，见玉皇大帝要雨去了。这些神仙的事老百姓可咋么晓得哩？

龙王三太子引上众龙王神，上了天往玉皇大帝跟前要雨去咦，它们连灵霄殿下面个等着见玉皇大帝着哩。凡人可咋哒知道这些事情哩？他们白天把龙王爷的塑像放着大太阳底下晒，晒得龙王爷脸上都落壳哩；一到黑了敲锣的敲锣，吆喝的吆喝，闹吵个不歇，都吆喝着："这么多的龙王爷都是做啥吃的，咋么还不下雨！"桓水潭后头水晶宫的鱼鳖虾将们，都着老百姓吵闹得不得安宁，就派了一个虾将上天把龙王三太子请着回来了。龙王三太子回宫一听，实话闹得吃劲得很，它就给鱼鳖虾将们说："老百姓因为天旱得太吃劲了，他们急得很。我们可唊连灵霄殿外前等了几天了，还没见上玉皇大帝，其他龙王还连外哒等着哩。我还得立马上天去，把雨求着来他们就不吵了，这阵儿就尽着他们闹吵去吧！"说完猛点子跳出了水面。老百姓只看着一条白龙上了天。

过去龙王三太子阿好，当地的龙王神阿好，连水后头出来进去没人看着。这回白龙上天把桓水带起了千层子的浪，浪花连万颗银珠样的，白龙上了天，浪花原落着潭后头了。老百姓都说白龙升天了，肯定下雨唊！

白龙升天的第二天就下开雨了。知府大人知道了，就按老百姓说下的，把桓水改成白龙江，还写着地方志后头了。

（采录　景笑杨）

二月二龙抬头

白龙升天的第二天就下开雨了，老百姓是得救了，龙王三太子可把天祸闯下了。

其实小白龙跑着天上去，等着第二天早晨，还是没见上玉皇大帝。小白龙年轻气盛，又是个急性子，它就给其他龙王说："你们守着这哒跟住等着，我先下去给他们下点雨去。庄稼都旱死了，再等着下去把人连牲口都渴死完了！老百姓连外哒闹吵着哩，他们等不住了，我阿等不住了！"

几个老成点的龙王爷连赶把小白龙挡住，劝着说："没有玉皇大帝的圣旨，私自下雨可是犯天条的啊！你还是再等嘎儿吧。"小白龙想了嘎儿说："这么价等，等着雨下哈了，人都渴死完了！这么价，救人命要紧，我先给他们少给点雨去，你们等着见上玉皇大帝了，给他说清楚了就成了。"说完就忽嗲子下凡去了，其他龙王想拉阿没拉住。

回着桓水潭后头，小白龙猛猛儿吸了一口水，可"唰"嗲子升着半空中，"阿嚏！阿嚏！"打了两个喷嚏，一场小雨就下开了，老百姓都跪着桓水潭边里，给小白龙磕头着哩，口里吆喝着："谢谢白龙爷！谢谢白龙爷！"旋说着，敲锣打鼓的，放三眼炮的，一哒整开了。方圆几十里的老百姓，阿都高兴得一哒吆喝、放炮、敲锣打鼓开了。这些声音合着一哒，比打雷的还响。

这下动静可太大了。玉皇大帝听着有点响动，打发千里眼、顺风耳一查，是桓水龙王小白龙私自下雨着哩。这还得了，玉皇大帝发怒了："大胆小白龙，竟敢私自下雨，冒犯天条！二郎神杨戬，你给我把它抓着上来！"

杨戬二郎把小白龙绑着天上来了，外些龙王们一看，阿顾不上啥天规了，赶紧阿跟上闯着灵霄殿上来了。玉皇大帝一问，小白龙大声吆喝着："冤枉！冤枉！下界大旱着哩，庄稼干死唉，再不下雨人连牲口都要渴死哩！我们几十个龙王连天上求雨来了，把您见不上。实在等不住了，我就旋着它们等着给您汇报，旋先下点小雨，把外些老百姓的命先救住再说。不信您问这些龙王，它们将才都还连灵霄殿外前等着哩！"

玉皇大帝把龙王们一问，小白龙说下的是实话，就说："你私自降雨，冒犯天条，本来要杀头的，念你阿是为了救人，就法外开恩，罚你连人间的打麦场的地底下受罪，着碌碡连你的头上碾来碾去。啥时间场上的金豆开花，就把你放了。"还派太白金星，连武都郡背后的一个大山上，立了一个石碑，上面刻下的是：白龙降雨犯天规，当受人间千秋罪。要想重回桓水潭，除非金豆开花时。事情办完了，可着其他龙王还是给下雨去。

可下了几场透雨，庄稼全部缓活了。二个龙王把小白龙受罚的事情，给老百姓托梦说给了。老百姓都跑着打麦场上说："小白龙是为救咱们着受罚的，咱们咋么价把它救嘎起是？"全家子干着急，谁啊想不出个办法来，金豆可咋么得开花唉？全家子就到处寻开花的金豆，一直没寻着。

寻啊寻啊，一直寻着第二年的二月初二的这天，大家都连场上商量来了，都七嘴八舌地说，寻了多半年了，到处都寻焦了，就是没寻着开花的金豆，这咋么做唉！就在这个时候，一个头发雪白的老婆家，掮（qiě）了一个口袋，不知道咋么价钻着人伙子里来了。她将挤着人中间，就一个马趴子绊倒了，口袋后头的苞谷撒了一地，嘴里还吆喝着："我的金豆！我的金豆！"大家看着满地黄灿灿的苞谷颗颗子，猛哆子连睡醒了的样的——这不就是"金豆"嘛！有人将往起拉外个老婆去唉，她倏儿哆子可唉飘着天上了，大家抬头一看，是观音菩萨连云头上立着哩。原来观音菩萨知道小白龙受罚的事，变成一个老婆家提醒老百姓来了。

要是把苞谷种下，还要等着秋天才开花哩，一个老汉就出了个主意：咱们把这"金豆"爆成苞谷花儿就成了啊！老百姓赶紧跑着回去，把苞谷倒着锅后头炒，炒啊炒地，苞谷连锅后头"嘣嘣"地爆（bié）成苞谷花儿了。全家子把苞谷花儿背着场上，撒得满场都是，一哒吆喝着"金豆开花了！金豆开花了！"成千上万的人一哒吆喝，外声音可大得传着天上去了。太白金星往下一看，满场白花花的，后头还有些没爆开的苞谷颗颗子，黄灿灿的，他还当个是金豆一个。哎呀，真的是金豆开花了，就朝场上一指，把小白龙放了。

头到玉皇大帝知道，老百姓把他给哄了，小白龙可唢走着立下石碑的外个大山上了，他就派了五只火凤凰下凡，追着烧小白龙来了。五只火凤凰连空中数了个"一、二、三"，忽哆子一哒朝小白龙扑着来了，小白龙一个一个"彻地十八滚"让过，"扑通"一声钻着桓水后头去了。五只火凤凰扑了个空，"轰隆"一声变成一座又高又大的山了。老百姓就把桓水叫成白龙江，把这座山叫成五凤山了。

到了第三年的二月二，春天来了，该下春雨了，老百姓可爆了外么多的苞谷花儿，还连大场上撒灰画龙头，口里吆喝着"二月二，龙抬头"。意思是外五只火凤凰可唢化成灰了，请小白龙连赶抬头出动，保佑大家一年里风调雨顺，万事如意。从这以后，年年的二月二，老百姓都要爆苞谷花儿，连场上、院坝里撒灰画龙头哩。

千百年来，小白龙一直住着白龙江后头，到这阵儿还一直给武都人造福着哩。

（采录　袁长流）

甘水泉的故事

　　陇南市武都区甘泉镇的名称由来与甘水泉有关。传说南北朝时期，氐人首领杨难当在经营仇池国政权时，因称藩于南朝刘宋，但却四处扩疆拓土，刘宋派军讨伐，双方多次激战。一日，杨难当率军经过此地，人疲马乏，休息期间派人找水，有经验的兵士在今甘泉镇后街东边悬崖处挖出一眼泉水，将士们饮用后，顿觉甘洌清爽，困意全消，异口同声称"甘泉！甘泉！"于是，此地便以"甘泉"二字得名。

　　另有一传说，北宋太尉杨业之孙、杨延昭之子杨文广任成州团练使时，行军路过此地，正值酷夏时节，将士们口干舌燥，暑热难当，寻饮此泉水后，连声赞誉"甘泉！甘泉！"故"甘泉"之名远播，一直沿用至今。

（摘自《陇南市志》）

武都老山歌

一、唱起山歌心烂了

（一）

不唱山歌想山歌，
唱起山歌眼泪多。

山上的树根盘着哩，
一唱眼泪旋着哩。

眼泪花[1]旋满了，
一唱就把心淹了。

把心淹了还想唱，
单为苦水在心上。

---

[1] 眼泪花：（方言词，以下简称方）眼含着而未流出的泪液。

（二）

不唱山歌唱惯了，
唱起山歌心烂了。
旁人的山歌拉喜声，
我的山歌拉苦音。

旁人的山歌唱高兴，
我的山歌唱苦命。

烟雾缠的高山嘴，
唱几声山歌倒苦水。

二、梧桐树下打山歌

（一）

郎想要缠花闲不住，
门前头栽了棵梧桐树。

割下的柳条编圆筐，
栽树单为引凤凰。

梧桐树下打山歌，
单等凤凰垒窝窝。

（二）

梧桐树成了缠花台，
凤凰抬[1]来了垒窝柴。

郎打山歌嗓子亮，
引来了花儿[2]一大帮。

铁打的马簧[3]两头尖，
小郎缠花有心眼。

三、想打山歌难起头

（一）

大风地里难点灯，
墙上跑马难转身。

木匠难修转角楼，
石匠难錾凤凰头。

干骨头上难榨油，
想打山歌难起头。

---

[1] 抬：（方）口中衔着；嘴叼着。

[2] 花儿：山歌中对相恋女性的称谓。

[3] 马簧：（方）凹形的大铁钉。

（二）

底漏的麦篇^[1]难装满，
没齿的大锯难解^[2]板。

木头的方斗难压圆，
天世的土硝难熬甜。

蔓挂石崖难行走，
想打山歌难开口。

四、绣花烟袋儿双牡丹

红铜罐罐银盖儿，
给小哥绣个烟袋儿。

绣花烟袋儿双牡丹，
送给小哥哥装旱烟。

绣花烟袋儿穗穗长，
小哥哥把烟常装上。

绣花烟袋儿丝带带，
吃罢烟了怀里揣。

---

[1] 篇：（方）扁圆有底类似囤的盛粮竹器。

[2] 解：方音"改"。

绣花烟袋儿四角尖,
睡觉了放在手跟前。

烟袋儿缠的旱烟锅,
顶如[1]贤妹娃陪小哥。

五、郎想要采花莫了候[2]

男　站在平川照高山,
　　高高山上有牡丹。

黄杨木要做立柜哩,
见牡丹不采有罪哩。

郎有心上山把花采,
摸[3]不来牡丹啥时开。

点水[4]滴到陡槽里,
郎在平川里候着哩。

女　有时远来有时近,
　　开花的日子说不定。

[1] 顶如:(方)等于。

[2] 候:等待。

[3] 摸:(方)估摸;估计。

[4] 点水:(方)檐边淌下的雨水。

铁棒槌放久也生锈，
郎想要采花莫了候。

郎想真心把花采，
提早一步上山来。

迟一步郎就失手了，
牡丹叫旁人采走了。

六、花儿把郎的魂揽了

翻了梁梁下了山，
照着花儿门上站。

卖酒的挂的酒幌子，
谁家的花儿好样子。

花儿站在大门台，
圆盘脸儿高身材。

弯弯眉毛两张弓，
杏核[1]儿眼睛两盏灯。

三寸小脚褶褶裙，
白肉皮儿鼓腮[2]红。

---

[1] 核：hú。

[2] 鼓腮：（方）脸两旁鼓起的地方，即脸蛋子。

绿缎夹夹红绸袄，
站在大门上把人照。

老远照去惹人哩，
走到跟前揽魂哩。

惹人的花儿门上站，
她把郎的心搅乱。

浑身麻了腿软了，
花儿把郎的魂揽了。

七、要是惹人了不放过

山里的锦鸡花翎子，
贤妹娃穿的红裙子。

照着贤妹娃穿红的，
你是谁家的惹人的？

脸又白来脚又尕[1]，
惹得缠花郎浑身麻。

你是谁家的惹人货？

---

[1] 尕：（方）小。

要是惹人了不放过。

骡子戴的马的铃，
想法子缠成郎的人！

八、想郎撑窗子望月亮

月亮出来妹扫炕，
铺毡暖被想起郎。

多日子把人见不上，
想郎撑窗子望月亮。

月亮照到枕头上，
绣花枕头不成双。

月亮照到热炕上，
没郎的热炕空荡荡。

月牙儿能到十五圆，
妹想郎不得到跟前。

望着十五的圆月亮，
不见郎枉费了妹热炕。

九、酒葫芦当了花儿头

梨木炕桌儿四四方，
酒葫芦摆在桌儿上。

想贤妹想得心上慌，
泼出[1]老命喝一场。

莲花山的山礌[2]了，
烧酒把人喝醉了。

捻线的砣螺垂下了，
抱住酒葫芦睡下了。

叫酒把人醉倒了，
想起抱妹的味道了。

把假当了真着哩，
抱住酒葫芦亲着哩。

酒葫芦当了花儿头，
先是亲来后是搂。

青石板上烙饼哩，
喝醉了抱葫芦过瘾哩。

---

[1] 泼出：泼，读去声。（方）豁出去；不惜一切。

[2] 礌：léi。（方）塌，垮。

十、想郎的心上乱成麻

小郎走了广元[1]了，
给人抬了长年[2]了。

过了大河过江哩，
郎在千里路上哩。

斧头要剁红桦哩，
天天把郎牵挂哩。

高杆上挂灯四面亮，
把郎挂在妹心上。

麻秆儿当了木椽了，
把郎想了一年了。

麦秆儿掐了草帽缠，
心上想郎不得见。

深井里打水绳断了，
想郎想得心乱了。

大风一刮满天沙，
想郎的心上乱成麻。

---

[1] 广元：四川省县名。

[2] 抬了长年：（方）给雇主长期出卖劳力干活。

大风一刮扬沙哩,
心乱着活像猫抓哩。

马尾[1]罗儿椵木圈,
心乱着没个缝缝钻。

天塌了来地崩了,
把心想乱人疯了!

十一、相思病害在内里了

虚空里刮风飘白云,
小郎前几月出了门。

小郎下了四川了,
想的不得动弹了。

想称轻重没杆秤,
花儿想郎害了病。

花衣裳锁在柜里了,
相思病害在内里了。

相思病害在内脏里,
肚子疼哩胃胀哩。

---

[1] 尾:yǐ。

数九的萝卜冻着哩，
相思病害得重着哩。

单为相思害病哩，
内脏里有病要命哩。

请神念经解禳哩，
好不好的两当[1]哩。

十二、如今二家结了仇

（一）

好马驾到辕上了，
先前二家缠上了。

一槽拴下了两头牛，
缠上了好得蜜和[2]油。

梨木杠头搭新铧，
蜜和油吃去香掉牙。

跌倒拾了个金元宝，
香掉牙好的不得了！

---

[1] 两当：（方）两面撞。意为还不一定。

[2] 和：huó。搅拌一起。

（二）

红灯笼蜡灭不亮了，
先前好下的都忘了。

分槽拴下两头牛，
如今二家结了仇。

齐崖边上挂背篼，
结仇成了死对头。

快镰刀割了红秆蒿，
成对头心揣杀人刀！

十八年[1]遭了大灾难[2]

晒干的茄子放油煎，
大旱不过的十七年。

坡上的野草晒死了，
井干大河见底了。

老天爷他把心黑了，
三年的庄稼绝收了。

---

[1]十八年：与下文的十七年分别为民国十八年（1929年）和民国十七年（1928年）。

[2]据《中国救荒史》载：民国十七年甘肃旱情严重，寸草不生，颗粒未收。民国十八年，又有58县大旱，树皮草根食尽，至易子相食，灾民达二百余万。

十八年遭了大灾难，
一升银换不出半升面。

蛇钻窟窿难倒退，
一碗油换不出半碗水。

草根树皮吃光了，
为活命家家逃荒了。

东奔西散逃大难，
老百姓饿死了千千万。

国民党的税款多

赶得碌碡[1]难上坡，
国民党的税款多。

月亮不明满天星，
税款多着数不清。

国民党，要税款，
穷人的手里抢饭碗。

杨木解了大板了，
税款把人压展[2]了。

---

[1] 碌碡：（方）石质圆柱状轧谷物脱粒的农具。

[2] 压展：（方）压得很厉害。

不响雷，打闪[1]哩，
　保长[2]天天催款哩。

没柴烧了砸柜哩[3]，
　警察月月要税哩。

缴不起款了有麻达[4]，
　缴不起税了把人抓。

把人抓了门封了，
　值钱的家具充公了。

催得紧，要得慢？
　缴不起税款了家烂散[5]。

年年打仗抓壮丁[6]

干骨头上抽瘦筋，
　年年打仗抓壮丁。

---

[1] 闪：指闪电。

[2] 保长：民国的保甲制度中一保的负责人。

[3] 本句意为因没柴做饭把柜劈碎当燃料。砸，即砍或劈。

[4] 麻达：（方）麻烦。

[5] 烂散：（方）衰败；破碎。

[6] 壮丁：旧指达到当兵年龄的人。

干骨头上抽筋哩，
国民党来了抓兵哩。

半夜里狗咬[1]心上惊，
抓壮丁的进了村。

朝天打了两三枪，
吓得鸡飞狗跳墙。

小郎天生的苦命人，
翻墙想跑没跑成。

五花大绑粗麻绳，
把郎交给中央军[2]。

青冈要儿[3]捆蒿柴，
受罪不过的当兵的。

又挨打，又挨饿，
郎在兵营实难过。

商户[4]人家多子孙，
靠着钱势不当兵。

---

[1] 咬：（方）指狗的叫声。

[2] 中央军：指民国中央政府的军队。

[3] 要：yào。用秸杆、树枝拧成的捆物腰绳。

[4] 商户：（方）富户；有钱人家。

穷汉人家儿一个，
要抓壮丁躲不过。

小郎抓兵妹悬梁，
害得一家散了场。

小哥哥当了志愿军[1]

（一）

金斧头砸了铁罐子，
小哥哥是条硬汉子。

虚空里飘的五彩云，
小哥哥当了志愿军。

穿上军衣背上枪，
小哥哥参军上前方。

高山上敲钟八面响，
志愿军过了鸭绿江。

冲锋枪，三尺长，
一心赶走美国狼。

---

[1] 志愿军：因"抗美援朝"赴朝作战的中国人民志愿军。

（二）

志愿军打仗深山里钻，
小哥哥衣破鞋磨烂。

衣破鞋烂妹心焦，
给小哥绣个针线包[1]。

针线包，妹的心，
打仗有空缝几针。

针线包，郎收到，
打仗立功寄喜报。

妹收喜报全庄夸，
保家卫国功劳大。

土改[2]闹了身翻了

（一）

盘山的骡子下了坝，
贫雇农最听党的话。

---

[1] 针线包：专门装针线、随身携带方便的绣花小布包。

[2] 土改：依据 1950 年 6 月颁布的《中华人民共和国土地改革法》进行的土
地改革运动。

斗地主，反恶霸，
有党撑腰天不怕。

人多拾柴火焰高，
村村的农会成立了。

农会掌权威望大，
地主恶霸害了怕。

红缨枪，肩上扛，
民兵巡查又站岗。

恶霸狗急跳墙哩，
民兵站岗提防哩。

蕃麦地里挖野菜，
恶霸斗倒除了害。

（二）

斗地主，闹土改，
分房分地分浮财。

小哥哥家里人口旺，
川地分了四五坰。

吐了黄连吃甜瓜，
土地今儿个回老家。

塔子山上起黑云，
贤妹娃的家里穷。

蓝花儿坛坛装菜油，
又分房子又分牛。

恶霸斗了恨消了。
土改闹了身翻了。

春风吹动坡上草，
共产党把人救活了！

农村开展社教[1]哩

夜歌子[2]半夜常叫哩，
农村开展社教哩。

阶级斗争上纲了，
自留地[3]全部收光了。

花样要放剪子铰，

---

[1] 社教：在 20 世纪 60 年代，农村开展的社会主义教育活动。又称"四清"
运动。

[2] 夜歌子：（方）猫头鹰。

[3] 自留地：我国实行农业集体化时，留给农民的自种、自营的少量土地。

乱说的社员[1]拔毒草[2]。

菜瓜蔓上长苦瓜，
搞副业的割尾巴[3]。

社教队员辛苦了，
浑身饿得浮肿了。

背篦天天压脊梁，
社教后还吃回销粮[4]。

生产队[5]里怪事多

起窝的鹁鸪没着落，
生产队里怪事多。

镰刀割了股子蔓[6]，
大队长地里不闪面。

---

[1] 社员：1958 年农村公社化以后，农民均改称社员。

[2] 拔毒草：社教运动中，"乱说"的社员被视为"毒草"，对他们进行"专政""批斗"。

[3] 割尾巴："割"资本主义尾巴。意为背离革命方向的事物应予取缔。

[4] 本句意为社教后，生产没有发展，产量没有提高。回销粮，政府返销给社员的口粮。

[5] 生产队：公社内相当村一级的行政和劳动组织。由生产大队（大队书记和大队长领导）下辖若干生产小队（小队长领导）组成。

[6] 股子蔓：蔓（wài）。田旋花，旋花科多年生草本植物。

大队书记任务重，
不管生产抓运动[1]。

冒水泉儿往上翻，
会计[2]天天打算盘。

黄挂鸪儿树上叫，
保管员[3]吃饱睡大觉。

小队长天世[4]的黑脸汉，
背搭手[5]儿地里转。

为挣工分吃饱饭，
社员天天一身汗。

大锅饭[6]越吃越稀了

天下白雨路冲断，
公社兴的大锅饭。

---

[1] 运动：指政治运动。

[2] 会计：负责生产队财务及社员工分结算的人。

[3] 保管员：负责管理生产队粮食及物资保管室的人。

[4] 天世：（方）天生的，本来的。

[5] 背搭手：（方）双手搭在脊背后。意为悠闲而不劳动。

[6] 大锅饭：比喻不论工作好坏、贡献大小，待遇、报酬都一样。

大锅饭，混着干，
分不下粮食人心散。

自留地庄稼长得好，
生产队地里尽长草。

没黑没明干一天，
一个工不值两毛[1]钱。

苦一年工分嫌少哩，
给队里还要倒找[2]哩。

人靠人去没靠了，
三人背锅倒灶了。

下坡路越走越低了，
大锅饭越吃越稀了。

菜瓜子不吃放老了，
大锅饭越吃越少了。

刀刀儿片了菜瓜了，
大锅饭吃着害怕了！

---

[1] 毛：（方）一元的十分之一；角。

[2] 倒找：社员年终结算时，如工分少，抵不过所分口粮价值时，就要给生产队倒找现金。

农民的眉头都展了

抬石头的棍断了，
人民公社解散了[1]。

桦木轮子榆木辕，
农民种上了承包田[2]。

世上出了个金不换，
改革政策再不变。

榆树上结下榆钱[3]了，
光景有了眉眼了。

柜里的粮食装满了，
信用社有了存款了。

家里看上彩电了，
天热了用上电扇了。

顿顿吃上白面了，
穿上毛料绸缎了。

炕上的缎被码着哩，
皮鞋穿上耍着哩。

---

[1] 中共十一届三中全会后，解散了公社，恢复了乡级行政组织机构。

[2] 承包田：依照联产承包制的改革方案，承包给农民的农田。

[3] 榆钱：（方）榆树籽，状如麻钱。

河里有鱼水清了，
日子过得遂心了。

土碗换成金碗了，
农民的眉头都展了！

你我都是武都娃

你我都是武都娃，
见了就说武都话。

武都青山高着哩，
后山洋芋烧着哩。

白龙江边浪着哩，
武都山歌儿唱着哩。

武都文化长着哩，
你我都还逛着哩。

武都花椒红如火，
还有河坝无花果。

武都十二月

武都正月开樱花，
二月下旬油菜花。

三月里来摘枇杷，
四月上旬吃西瓜。

五月在插秧苗子，
六月上山吃瓢子。

七月山上没椒了，
雷谷山顶雪消了。

八月下雨如瓢泼，
一场一框无花果。

九月黑红油橄榄，
老汉放羊不用管。

十月霜打折软枣，
腊月天空看雪飘。

（资料整理　杨克栋）

武都民歌

　　民歌，俗称山歌，也叫情歌，是劳动人民上山下田劳动娱乐的歌子，"瞌睡迷着心上了，唱声山歌清亮了"就是这个道理。山歌是随想随唱的口头文学，是民间一道亮丽的风景线，其语言通俗流畅，比拟形象生动，形式活泼自由，唱腔高亢悠长，生活气息浓郁，地方特色鲜明，蕴藏着大量的生活情趣，充满了丰富多彩的诗情画意，是一朵久开不衰的民间文学奇葩。

　　民歌，有抒情欢快的，有传情表意的，有如泣如诉辛酸凄凉身世和悲欢离合的，有反抗压迫惩恶扬善的，也有孝敬父母劝人向善和歌颂热火朝天劳动场面的。凡此种种，根本不需精心构思、着意创作，完全通过眼睛和喉咙随时表达出来。其语言词组和内容，随着社会的发展、文明程度的不断推进，也不断地再提炼和升华，故而充满了热爱生产劳动、热爱新生活的浪漫激情。

　　武都民歌，从地域上来说，有其广泛的秦陇文化底蕴。如在陕、甘两省广大地区方言中的"娃""哩""咧"等很多语音上，都能找到它的原始基调。因而在这些地区的民歌中，无论是词组还是内容，都无不打上"近亲"的烙印。所以武都民歌的文化起源显然是以秦陇文化为蓝本的。至于它的形成，因为地方文献中没有只言片语的记载，只能在某些民歌的语句中寻其例证。从"白汗挂儿马蹄袖"这句话来看，武都民歌最晚也可追溯到明清时代。因为"马蹄袖"是清朝服饰的独特产物，那时能在民歌中广泛而熟练自然地应用，说明武都民歌早在明末清初就已形成，到清末民初，它独特的地方色彩和风格早已定型，并进入鼎盛时期。如"千里路上打一拐，晚晚梦着郎回来"，就是妻子思念在外"背背子"的丈夫平安归家的心声。虽然武都民歌没有系统的文字记载和理论研究，但它的生命力却极强，其重要的一个原因，就是它生长在下里巴人心中的歌，是下里巴人表达本土文化的一种形式，是下里巴人的一种文化传播习俗。它所反映的是下里巴人的日常生活，所表现的是男耕女织的原始风情图，无矫作，无虚假，完全是赤裸裸原汁原味的人性味。因此，它无需人去教，无需人去载，便能自然而然地承传下来，代代沿袭，却是谁也扼杀不了，也代替不了。它自然得就像山花野草、行云流水，清新得就像洋槐树盛开的一串串洁白的花。

武都民歌的地方特点，主要表现在本土文化的语言结构上，也就是说特殊的地理环境和历史环境，造就了特殊的语言结构。特别是方言在民歌中的应用，更是独树一帜。如"瓢子要吃花要缠，不缠花的老实汉"。"瓢子"，指野草莓，当地人习惯地叫它瓢子而不叫草莓。又如"睡到半夜火睡了，梦着郎把姐丢了"，"火睡"指梦魇或惊梦。还有"盘羊抵角争草坡，贤妹淘神为小哥"中的"淘神"一词，原本就是指闹架打嘴仗而伤神的意思，这里用"淘神"入歌，真是妙不可言，令人叹为观止。像这样的民歌例句，可说不胜枚举，其地方特色昭然凸显。还有很多民歌中用方言押韵脚，又给人一种"柳暗花明又一村"的新感觉。如"有了灯盏无台台，出来进去我一慨，这"慨"字原本是"个"的意思，但方言在这里必须念"慨"音，才正好和前句的"台"字押韵。又如哥说："时候不早回去家"，妹说："时候还早再睡嘎"，这里"嘎"字原指再睡一会儿或再睡一阵子的意思，可用"下"字在这里又不顺口，因此就用"嘎"字来代替，既顺口又入耳。如此等等都是方言押韵的典型例句。所以武都民歌的语言结构十分别致，地方特色极为强烈。假若把这些方言语句都改成正规文字来组合，那就面目全非，失去了它独特的地方色彩了。

武都民歌中女性对男性的称呼为"小哥""郎"等，而男性对女性的称呼则有"姐""妹""贤妹"和"花"及"我的人"等。这"小哥""郎"和"姐""妹""贤妹"之称任谁也熟悉不过，口语不过，平常不过，可唯独一个"花"字却"一花独放"，香气十足，妙不可言。如"瓢子要吃花要缠，不缠花的老实汉"句，前后始终贯穿一个"花"字，这一"花"字以瓢子为诱饵，富于挑逗性地把女性衬托得那么美好、可爱、动人。那意思是说，瓢子固然是天生美味，不可不吃，可这人间之花却胜过瓢子千倍万倍，如果一个男人只注重吃那一时的美味瓢子，丢弃了这么美好的东西，那就是拒绝了人生乐趣，是一个不解风情枉活百岁的"老实汉"了。别看这一"花"字原本是下里巴人常说的俗言口语，可在民歌中却意境悠远，给人以无限美好的空间想象力。这其间贯穿的另一个"缠"字，尤其是意境连绵，海阔天空。它围绕在"花"字的前后左右，作动词时可天马行空，任意驰骋，与"花"作连词时则可珠联璧合，难寻其双。这一个"花"字，一个"缠"字，其神来之韵，纵观民歌大全，恐怕只有武都民歌风骚独领了。这种语言也只有在武都民歌中才能表现得淋漓尽致，显示出极高的文字价值。再如"凉水泉里下一跪，凉水还比人血贵。凉水能解心中火，贤妹能救小哥哥"，前句是说，因为长时间跋涉的干渴，得不到比人血还贵的凉水来解渴，所以一旦遇到救命的凉水后，都要急切地跪在泉边，痛饮一通。这既是渴急暴饮之状，也是野外条件所限必须跪下喝水的动作。在这里把一个"跪"字巧妙地结合起来，更显得水的金贵、情的迫切。"跪"字的恰当和高超，不但能进一步揭示水能消解人心中之火的重要性，而且自然而然地引申到"贤妹能救小哥哥"的相思之苦上面来，真是妙语连珠，情水交融，诗意盎然。

　　武都民歌，无论是什么内容的，首句几乎都以比拟的手法而起头，第二句才是要说的目的，如"明是月亮黑地里，把花引着麦地里"，"花开花谢年年有，能有几个十八九"等，信手拈来，比比皆是。这种两句一组的句式，可成为一个完整的句子，既可单独使用，也可长段并用，衔接灵活，风格多变。联句再多不限，可一韵到底，也可中间变韵或多韵组合，但不管怎样变韵，必须是两句一组同韵不变。如"高山烟雾雾着哩，郎修汽车路着哩。郎把石崖修成路，妹务药材能致富。药材上了市场了，汽车拉着四方了"。此种句式正好说明了武都民歌两句成形的基本特征和多韵组合的灵活风格。但无论多大的变化，都要在同一事件中，根据具体内容的连贯性和事件的牵连性，用不同意境的方式和语言表达出来，以达到最能表达心意情感的最佳目的。这种句式虽然有点顺口溜的味道，但从民歌的体裁中唱出来，却格外朗朗上口，给人抑扬顿挫的音律感染力。也有首句不用比拟手法的，它可以开门见山，直表其事，如"一天想你不干活，晚上想你睡不着""走着高山想坝哩，把花缠着两下哩""山歌不是多听的，那是度化人心的"等均为多变风格的例证。

武都方言在外地人听起来十分别扭，甚至根本听不懂，但本地人听起来却是那么亲切入耳，特别是方言在民歌中的应用，其实用价值是什么语言也代替不了的。如果谁要刻意想改变一下这种语言结构，反而破坏了它原汁原味的美。

武都地处甘南边陲要塞，历来为兵家必争之地，是氐羌民族白马图腾的发祥地，可因为战争的纷争，氐羌民族的几次大量外迁，汉民族的大量涌入，使汉文化占领了统治地位，秦陇文化更是捷足先登，早早地渗透了这块热土。虽然氐羌民族自己没有留下传世文字，但他们在这块热土上生存的悠久历史，却对武都本土文化的形成不能说没有一点影响。所以说武都秦陇文化的方言特色和本土文化的深厚内涵，奠定了武都民歌的坚实基础和特殊风格。

（张建民／文）

童　谣

　　童谣，儿童传唱的歌谣，强调格律和韵脚，通常以口头形式流传。旧时认为能预示世运或人事。许多童谣都是根据古代仪式中的惯用语逐渐加工流传而来，或是以较晚一些的历史事件为题材加工而成。

　　2008 年 6 月 7 日，童谣经国务院批准列入第二批国家级非物质文化遗产名录。现将武都境内普遍流传的童谣搜集整理如下。

　　打锣锣，磨面面；

　　舅舅来了做啥饭？

　　做白面，舍不得；

　　做黑面，丢人哩；

　　杀鸡公，叫鸣哩；

　　杀鸡婆，下蛋哩；

　　杀鸭子，鸭子逃进水眼（水洞）哩；

　　杀鹅哩，跳河哩。

　　这也是大人哄小宝宝时，唱给宝宝的歌。大人把宝宝搂在自己的大腿上，坐在那里轻轻地，慢慢地，边摇边唱。

　　老鼠子磕上板桥，板桥高折（zhé）折（shé）腰。

　　腰里别把刮镰刀，刮青草喂老猫。

　　老猫喂得壮壮的，拉着城里告状去（土话发音 qī）。

　　状儿状儿没告响，我给爷爷修楼房。

修下的楼房没边边，我给爷爷买锨锨。

买下的锨锨没把把，我给老爷说话家。

我给老爷去说话，一说说到马家坝。

马家坝里放炮哩，二尺红布我要哩。

马家坝里不放炮，二尺红布我不要。

染红袍染绿袍，问您大老爷饶不饶？

（众答：）饶，饶。（或：不饶，不饶！）

　　这是一帮小朋友做一个游戏时必须要唱的歌。一或二人领唱，众合；也可齐唱。

踢脚踢脚盘盘，一脚踢着南山。

南山背着，思谋插着。

有钱的坐上席，没钱的滚下去。

狗爪（土话发音 zào）娃娃蜷（quán）住你的一只子。

　　这是小朋友玩一种坐在地上的游戏时要唱的歌。当"蜷（quán）住你的一只子"的"子"落到你头上时，你就蜷住自己的一条腿。如果再一次遇到叫你蜷腿，那么这一局游戏你就要出局。

指甲巧儿包指甲，社里的粮食咋吃家。

吃不上了给社里，明年没了可（再）要哩。

　　这是农业合作社时期的儿歌。

王大娘寻虱哩，两个鸡娃子喰麦哩。

打鸡儿去来鞋遗了，取鞋去来狼来了。

吽……嘻。[1]

---

[1] "吽……嘻"：是农村追赶鸡儿时喊的象声词。

我两个好，上山割青草。
你割的多，我割的少。
你没有媳妇，我给你找。
一找一个阿庆嫂，
阿庆嫂，爱唱戏，一唱一个红灯记。

小燕子小燕子飞飞，五阿哥五阿哥追追，
尔康骑马带紫薇，不要脸的皇上爱香妃。

咣儿铃丁八登半，洋芋焅焅馓面饭。
阿么的，洋芋烩白菜，吃起希绵的[1]。

古噜雁，扯花线，
一扯扯到马家院。
马家院，熬米汤，
大哩碎哩都有上。
都有上，都欢喜，
一飞飞到天宫里。
天宫里，可真美，
再美也想妈妈哩。
小喜鹊，叫渣渣，
姐姐灯下剪窗花。
剪了个青年面带笑，
姑娘送他离了家。
北京去开英雄会，
村前村后人人夸！

---

[1] 希绵的：食物入口绵柔的意思。

槐树槐，搭戏台，

叫我姐姐看戏来。

不得来，不得来，

说是忙着把树栽。

剪杆岭，陡又陡，

地皮硬得赛石头；

我姐姐，没发愁，

一天栽了六十六。

泥瓦匠，住草房；

纺织娘，没衣裳；

卖盐的，喝淡汤；

编席的，睡光床；

当奶妈的，没儿郎。

瓜啦啦婆，爱吃烟，把被烧了一大滩。

坐后院哭老汉，一哭哭到晌午端。

媳妇问做啥饭，擀面不如打搅团。

养儿不如养老汉，养的老汉好使唤。

一不许动，

二不许笑，

三不许说话 露爪爪，

四不许放屁 吹喇叭，

我们都是木头人。

你一我一，一休哥。

你二我二，二拜佛。

你三我三，三太子。

你四我四，看电视。

你五我五，打老虎。

你六我六，吃石榴。

你七我七，七仙女。

你八我八，八仙过海。

你九我九，喝啤酒。

你十我十，看谁是个蒋介石。

月亮光光，

照在梁上，

梁上高，买把刀，

刀儿快，割青菜，

割下的青菜喂老猫，

老猫喂得壮壮的，

我替爷爷告状去，

告啊，告啊，没告响，

我给爷爷修楼房，

修下的楼房没尖尖，

我给爷爷烙圈圈，

烙下的圈圈没巴巴，

我给爷爷下话唊（读 jia）。.

嘈嘈窝窝，里面调货，

鸭鸭喝水，挣破笼嘴，

笼嘴破了，鸭鸭饿了，

扑腾——飞了。

（采录　王福忠）

传统音乐

传统音乐，绵延几千年，包含诸多审美品格，它是一定音乐思想特殊本质的集中体现，是音乐思想意识的结晶。一个国家一个民族的思维习惯，对其审美意识的形成和发展有不可低估的作用。

社火曲

办社火，是春节期间群众自发组织起来的民间演唱活动。社火曲则是办社火唱的曲调。武都社火有着独特的演唱形式和完整的一套节目，把耍龙灯、戏狮、舞蟾、大头面具、荡花船、踩高跷、跑竹马、推车、滚滚灯、高台、锦装驼子等综合在一起。

社火曲是非常丰富的，既有专用曲调，譬如说：排着仪仗走在路上唱"路曲"，进场后耍龙唱"太平年"，高跷唱"放风筝""十里墩"，跑花船唱"船曲"，跑竹马唱"跑竹马"或"十二大将"等，也有借用其他曲调的。台下演完后上舞台演"武都曲子戏"。每当演出正剧之前必须演唱"开门帘"，也就是说拉开了序幕。给邻村演完后，因受到款待，临别时唱"讨谢"。

不论台上台下换场或演员更衣时，则有一头戴礼帽、身穿长袍的"打岔"人，用极快的大脑反应和高妙而且伶俐的口才，随说"打油诗"，见米说米，见面说面，逗得全场大笑。

车　曲

1=F　2/4

隆　兴

何廷贤　唱

蒋顺华　记

```
6 3  6 6 5 | 6 5   6 | 6  5 6 7 2 | 6 3  5 3 2 | 2 1 2   3 |
```
这山 高(吗) 那山 低，　　　那山 低(吧　啊)

```
5 3 2  5 3 2 | 5 1  2 1 6 | 6 5 6   7 | 5 7  6 6 3 |
```
终南(吗)山上　插黄 旗(呀)，　　(哎依　哟呀吗)

```
5 3  2 1 2 | 3 0 | 5 3 2  5 3 2 | 5 1  2 1 6 | 6 5 6   7 ‖
```
花 (呀)　　终南(吗)山上　插黄旗(呀)。

船　曲

（一）

1=D

慢而自由地

隆　兴 蛇崖

李盈门　唱

蒋顺华　记

```
2 3 3 1 - 1 2 3 5 1 6 5 6 1 - 6 2 3 5 1 2 3·5 6 5·6
```
陈姑赶船　两眼　泪(呀)不干 海水　苍苍四下 流(哇)

```
1 3 5 1 2 3·5 1 6 5·6 1 7 6 7 6 5 6 1 1
```
窜脚踩船边手扶桡(哇)　杆花儿 (么)　转

（二）

1=D

慢速

```
6 5 6 | 1 2 1 | 6 5 6 | 1·2 3 5 3 | 2 - | 2·3 2 ‖ 1 3  2 3 2 1 |
```
清(呀)清 河　水(呀)往 东　流，　莲花 (儿)

五(呀)荒 六　月(呀)太 阳　红，　晒得 (呢)

十冬 腊　月(呀)冷 清　清，　冻得 (哪)

把 奴 家 好　　比(呀)　红 鸡 公，　　　　才给(哪)
小 小 的 船　儿(呀)　漂 江 心，　　　　陈姑(儿)
多 亏 了 艄　公(呀)　行 得 紧，　　　　扯过 了
多 亏 了 艄　公(呀)　行 得 紧，　　　　由不 得

$\widehat{656}$ $\dot{1}$ $-$ $\widehat{\overset{\cdot}{2}3}$ $\widehat{16}$ | 55 $\widehat{6}$ | 5 $-$ ‖ $\dot{1}\cdot\dot{2}$ $\widehat{35}$ | $\dot{2}$ $-$ | $\dot{2}\cdot\widehat{\overset{\cdot}{3}\dot{2}}$:‖

生 在 水 里 头(哇)　　(哎 嗨 哎嗨 哟)。
莲 花 倒 着 头(哇)　　(哎 嗨 哎嗨 哟)。
黄 莺 颤 淋 淋(哇)　　(哎 嗨 哎嗨 哟)。
黄 莺 暖 心 疼(哇)　　(哎 嗨 哎嗨 哟)。
要 赶 水 里 头(哇)　　(哎 嗨 哎嗨 哟)。
风 篷 一 溜 风(哇)　　(哎 嗨 哎嗨 哟)。
槽 子 蹬 了 空(哇)　　(哎 嗨 哎嗨 哟)。

(三)

1=D

慢　自由地

$\dot{5}\dot{5}$ $\widehat{2\dot{3}}$ | $\dot{2}\cdot\widehat{5\dot{7}}$ | $\widehat{5\dot{7}}\cdot$ | $\dot{5}\dot{5}$ $\widehat{1\dot{3}}$ | $\dot{2}$ $\dot{2}\cdot$ | $\widehat{5\dot{7}}\cdot$ $\widehat{5\dot{7}}\cdot$ ‖

大(吡)姑　娘 (哎　哎)　　甭(吡)用 忙 (哎哎哎)。

(四)

1=F

慢板

$\widehat{65}$ 6 $\widehat{56}$ | $\widehat{\dot{2}76}$ $\widehat{563}$ | $5\cdot\widehat{67\dot{2}}$ $\widehat{765}$ | $\widehat{65}3$ 3 | $\widehat{512}$ $3\dot{6}$ |

洛 阳 (我的)桥 来 (啊)梅　　花 庄 (哎)　船 头 上啊
白 草 (我的)生 来 (啊)白　　草 生 (哎)　白 草 生啊
白 羊 (我的)不 吃 (啊)东　　边 草 (哎)　单 吃 上啊
好 白 (的外)脸 来 (啊)黑　　头 发 (哎)　两 把 的(啊)

3 7 6 5 3 | 5 3 2 2 | 2 1 2 3 0 | 7·3 3 2 3 5 1 | 2 1 6· |

坐 的是 李 (呀 哎是哟哟) 李皇 娘 (么
乱 扎的 根 (呀 哎是哟哟) 乱扎 根 (么
海 边龙 草 (呀 哎是哟哟) 草芽 生 (么
白 手(来) 红 (呀 哎是哟哟) 李皇 娘 (么

1·2 3 7 | 6 5 3 5 3 2 | 2 1 2 3 0 | 5 3 2 3 5 3 2 | 5 1 2 1 6 |

哎 哎咦 哟) 李 (么 哎哟是 三 朵嘛 花儿 红 哟
哎 哎咦 哟) 李 (么 哎哟是 三 朵嘛 花儿 红 哟
哎 哎咦 哟) 李 (么 哎哟是 三 朵嘛 花儿 红 哟
哎 哎咦 哟) 李 (么 哎哟是 三 朵嘛 花儿 红 哟

6 3 7 | 3 5 3 2 3 5 3 2 | 5 1 2 1 6 | 6 5 6 7 ‖

哎依 哟 哟是 三 朵嘛 花儿 红 哟)。
哎依 哟 哟是 三 朵嘛 花儿 红 哟)。
哎依 哟 哟是 三 朵嘛 花儿 红 哟)。
哎依 哟 哟是 三 朵嘛 花儿 红 哟)。

船 曲

1=A 2/4

桔柑苓家坝
苓棋奎 唱
蒋顺华 记

中速

6 5 6 | 1 2 1 | 6 5 6 | 1 2 3 5 |

大 (吧) 花船 (来) 小你 (哎) 花船 (哎嗨

2 3 2 ‖: 5 6 3 1 | 6 5 6 1 | 3 3 2 1 2 1 6 |

哟) 大小 花船 对 (哪哈 啊) 对对

5 5 7 6 | 5 — ‖ 1 2 3 5 | 2 5 3 2 :‖

旋 (啦) (哎嗨 哎嗨 哟)

船　曲

1=G 2/4

稍慢

三　　河
仲万泉　唱
蒋顺华　记

歌词：

　　大板子解了千千万，小板子解了万万千。解下大板当船底，解下小板当船檐。张铁匠李铁匠，老实就是好铁匠。铁匠哥哥本姓张，钳子钻子我背上。铁匠哥哥本姓李，炉子安在水槽里。毛铁烧得红杠杠，吓得钳子把口张。大钉子打了千千万，小钉子打了万万千。打下大钉钉船底，打下小钉钉船檐。花花船儿来造起，二姑娘坐在船头起。一把盘头软溜溜，黄杨梳子手中留。前面梳起龙抬头，后面梳起龙摆尾。一根金簪头上簪，一对白环垂耳肩。杏胡子眼睛整吉吉，线杆子鼻梁端上端。三钱粉儿脸上弹，小桃红胭脂抹口红。樱桃嘴儿真好秀，耙朱牙齿赛粉线。上穿一身大红袄，下穿一身绿罗裙。织锦裙裤来扎紧，月阳带子两条龙。三尺白绫来扎小，满眼子花鞋脚下蹬。上身下身穿整齐，赛过天上虞美人。船头太公本姓张，手持桡杆把船帮。船尾太公本姓李，手持桡杆绑船尾。清水浪上打不动，叫声船匠使抬棍。

路　曲

1=F $\frac{2}{4}$

安　化
蒲廷荣　唱
蒋顺华　记

慢

```
3 6  5 3 | 6  5 3 | 6  5 6 | 7 2  7 6 | 5· 3 | 5 — |
正 月(儿)里 来   是(呀)  新 (的)  年,
```

```
3  6 | 5 3  2 | 3  3 5 | 6  5 6 | 3  5 |
河 口 开    要 过  金 (儿)  桥 (啦
```

```
2 3  7 6 | 2 — | 1  1 2 | 3· 5 | 2 5 | 3· 5 |
依呀),      家 家 (的)   户 户 (哎)
```

```
6  6 | 1  1 2 | 5 3  2 1 | 2  7 6 | 6 — ‖
要 把 灯 儿   办。
```

马　曲

1=F $\frac{2}{4}$

安　化
蒲廷荣　唱
蒋顺华　记

中速

```
3 3 3 5  3 5 | 3 5  3 5 | 3 5  6· 5 | 3 3 3  6 5 3 | 2· 3  2 |
好了一个(哟好 哎嗨 哟好 哎嗨 哎)   好一个 正月 三,
```

```
3 1  2 0 | 6  6 5 3 | 3 3  6 5 3 | 2· 3  2 | 3 1  2 | 6 6 5 |
正月(呀) 初 三  姑娘 朝王 殿,  许了(呀) 朝 三
```

```
3 6  3 5 3 2 | 1 2 7  0 1 2 | 3 6  2 3 2 1 | 2  6 5 | 6 — ‖
年(呀),朝(了我 二 年 (儿) 半(那 依儿   哟 哎)。
```

马　曲

汉　王　杨庄
杨建业　唱
蒋顺仁　记

1=F 2/4 3/4
中速

```
6 7 5  7 5 | 6 7  6  5  3 5 | 6 7  6  3  3 ‖ 1 1 2  3 5  3 |
```

马队 发了 四 十 里，四（哎）十里 部队 才 到
去时 弟兄 成 了 兵，成（哎）了兵 来时 柳 杨
要 条弓（来）要 条 弓，要（哎）条弓 要条 京 州
要 条箭（来）要 条 箭，要（哎）条箭 要条 汉 中
要 调兵（来）要 调 兵，要（哎）调兵 要调 十七 的
要 调马（来）要 调 马，要（哎）调马 要调 岁四 的

```
2  3  |   2        1 |   6  ‖
```

校 场 里。
发 了 青。
水 牛 弓。
竹 儿 箭。
小 后 生。
驹 儿 马。

竹 竹 马

1=A 2/4
稍快

三　　河
杨永科　唱

| 5 6 | 5 3 | 5 6 | 5 3 | 2 3 | 1 2 | 1 6̣ 5̣ | 5̣ 6̣ | 1 3 |

竹竹 马　四条 蹄，　跑着 南山 打猎 去，不怕 狼
一对 文　一对 武，　一对 跑马 好威 武，好马 倒
钢条 鞭子 吵子 铃，　海青 捎我 好齐 整，一步 上
走上 山　看绊 胸，　下山 走马 看裘 绳，平砍 走

| 2 3 1 | 2 3 ‖: 2 2 3 | 5 5 3 | 2 3 | 7̣ 6̣ | 5 — ‖ 5 2 | 5 3 ‖

不怕 虎(哎) 单怕(那) 蒿棍 绊马 (哎) 蹄 (哎)。
无鞍 蹬(哎) 备上(那) 鞍子 搭上 (哟) 蹬 (哎)。
高头 马(哎) 四两(呀) 精神 长半 (哟) 斤 (哎)。
肚带 紧(哎) 加马(呀) 三鞭 长半 (哟) 云 (哎)。

十 二 大 将

1=F 2/4
稍慢

武都　教场
哈义尤　唱
蒋顺仁　记

| 6 7 | 6 — | 6 7 | 6 5 ‖: 3 5 | 3 2 1 | 2 — :‖

正月 里　正月 十五 闹花 灯，
二月 里　杨柳 花开 千千 层，
三月 里　菜籽 开花 可山 黄，
四月 里　豌豆 开花 叶叶 圆，
关老 爷　斩了 (呀就) 貂蝉 女，
五月 里　石榴 开花 千千 层，
赵子 龙　他在 长坂 坡上 站，
六月 里　莲花 它在 池里 开，
刘　全　进瓜 游地 府，

七月里　凌霄开花叶叶　薄，
唐王里他在泥河里　站，
八月里那　川草开花叶叶　尖，
入了那番邦的王玉莲　王，
九月里菊花它在后院里　黄，
康熙王他在楼上　站，
十月里冬麦开花枝枝　繁，
李渊他在临潼山上　站，
十一月水仙花儿满盆　黄，
管家里开仓救百姓　黄，
腊月里梅花开地　繁，

$\overgroup{2\ 3}$　6　|　$\overgroup{5\ 3}$　5　|　$\overgroup{3\ 5\ 3\ 2}$　$\overgroup{1\ \underset{.}{6}}$　|　$\underset{.}{6}$　-

1. 白马银枪小罗（哎）成。
2. 杨六郎他在柳州（哎）城。
3. 十个焦赞九孟（哎）良。
4. 眼看孙庶斩貂（哎）蝉。
5. 张飞哭地泪涟（哎）涟。
6. 长坂坡大战赵子（哎）龙。
7. 教场坝里把兵（哎）练。
8. 刘全进瓜为谁（哎）来？
9. 借尸还魂李翠（哎）莲。
10. 唐王遇难淤泥（哎）河。
11. 白袍救主救八（哎）难。
12. 入那番邦王玉（哎）成。
13. 玉莲捎书实可（哎）怜。
14. 明月楼上康熙（哎）王。
15. 一顿吃了八两（哎）三。
16. 唐李渊扎寨临潼（哎）山。
17. 杨广大干争江（哎）山。
18. 官家开仓救万（哎）民。
19. 救出在上难中（哎）人。
20. 十二弟兄好团（哎）圆。

小　曲

　　人们劳动之余闲暇无事的时候，自由结合，带上自制的土琵琶、二胡等乐器演唱。曲调丰富而质朴，内容以故事传说的居多，如"王祥卧冰""反白朗"等，也有在干活时不费脑筋地轻微哼唱的，唱爱情的较多，如"十杯酒""书生歌"等，还有其他自然科学、杂类的。曲调优美细腻，唱出人们对美好生活的向往和寄托，对邪恶势力的抱怨和反抗。

反 白 朗

1=♭B 2/4
慢速

鱼龙张家湾
张淑爱　唱
蒋顺华　记

| 6 5̇ 6̇ | 1 2 | 3 5 | 3 1 | 3 5 | 3 2 | 1 2 1 6 | 5 |

正月（里来）是新年，湖南湖北造了反。
二月（里来）二月半，白朗上了太白山。
三月（里来）三月润，白朗上了徽县城。
四月（里来）四月八，兰州镇泰把兵发。
五月（里来）五端阳，百姓赶着高山上。
六月（里来）六月六，白朗一心上阶州。
七月（里来）七月七，地丁皇粮放宽哩。
八月（里来）八月八，光绪愁的也没法。
九月（里来）九月九，白朗上了洮岷州。
十月（里来）十月半，白朗收拾往回转。

| 6 5̇ 6̇ | 1 2 | 3 2 3 1 | 2 ‖ 3 5 | 3 2 | 2 3 1 6 | 5 ‖

湖南湖北地方大，白朗出世揽天下。
太白山上抓了官，一心要回西安城。
徽县城是米粮川，又抢骡马又抢烟。
马队行了四十里，步兵才出教场坝。
商户愁的没处站，穷人愁的无粮担。
听见阶州民愤大，地方各州散银啥。
地丁皇粮宽十年，赶明赶夜腾北京。
光绪上去手下十万兵，白朗人马没啥了。
人马折了千千山越高，这是白朗一大难。

王 祥 卧 冰

角弓　鹿坝
刘志忠　唱
蒋顺仁　记

1=F 2/4

稍慢

四川 十八 铺，陕（呀 哎） 西（呀 啊哈
王家 庄有 个王（呀 哎） 员（呀 啊哈
三岁 上离 了亲（呀 哎） 生（呀 啊哈
后母 娘的（哎）好（呀 哎） 心（呀 啊哈
把儿 送上 南（呀 哎） 学（呀 啊哈

呀）省（呀 哎嗨 哎 呦呀
呀）外（呀 哎嗨 哎 呦呀
呀）母（呀 哎嗨 哎 呦呀
呀）肠（呀 哎嗨 哎 呦呀
呀）后（呀 哎嗨 哎 呦呀

哎 呦）离城 十 十里（呢就）
哎 呦）生下 的 一子（呢就）
哎 呦）四岁 上 续了（呢就）
哎 呦）把儿 送 送在（呢就）
哎 呦）南学 （的）堂里（呢就）

王（呀）家（呀 啊哈）庄（呀 哎呀 哎嗨 哟啊 唵）。
叫（呀）王（呀 啊哈）祥（呀 哎呀 哎嗨 哟啊 唵）。
后（呀）母（呀 啊哈）娘（呀 哎呀 哎嗨 哟啊 唵）。
南（呀）学（呀 啊哈）堂（呀 哎呀 哎嗨 哟啊 唵）。
背（呀）文（呀 啊哈）章（呀 哎呀 哎嗨 哟啊 唵）。

山　歌

　　山歌是指人们在田野劳动或抒发情感时即兴演唱的歌曲。它的内容广泛，结构短小，曲调爽朗、情感质朴、高亢、节奏自由。

　　山歌，主要集中分布在高原、内地、山乡、渔村及少数民族地区。流传极广，蕴藏极丰富。山歌是中国民歌的基本体裁之一。泛指流传于高原、山区、丘陵地区，人们在行路、砍柴、放牧、割草或民间歌会上为了自娱自乐而唱的节奏自由、旋律悠长的民歌。

　　武都山歌以高亢悠扬、细腻委婉著称。嗓音不同唱法亦不同，嗓音高者可以倍高音唱出，人们通常称之为"假嗓子"。

　　歌词以两句对偶排列。为了字正腔圆在相对统一的曲调基础上有所变化，这一点说明了山歌"十唱九不同"的特点。

　　在人们习惯上，山歌不允许在家里或村庄里唱，这也许是部分山歌歌词有些颓废的缘故。

把马拉着水地里

（山歌）

1=♭G 3/8　　　　　　　　　　　　　　　东江胡家坪
中速　　　　　　　　　　　　　　　　郭进财　唱
　　　　　　　　　　　　　　　　　　蒋顺仁　记

3 5 6 | 6 3 5 | 5 3 2 | 2 ⁶6 | 6 2 3 | 6 3 5 | 5 3 2 |
把马（哈）拉着　水地　里（吧），（哎嗨）你打　啥的

2 ⁶6 | 6· | 6̣00 | 3 5 6 | 6 3 5 | 5 3 2 | 2 1 6̣ |
主意（吧）　哩？　我的（嗨）主意　打得　高，

0 0 0 | 2 3 5 6 | 6 3 5 | 5 3 2 | 2 ⁶6 | 6· | 6̣ 0 ‖
（哎）　你把　你的　干粮（吧）　烧。

唱起山歌难起头

（山歌）

1=♭D 3/4　　　　　　　　　　　　　　五马刘家河
慢稍自由　　　　　　　　　　　　　　杨福义　唱
　　　　　　　　　　　　　　　　　　蒋顺仁　记

6 － － | 1̇ 2̇ 3̇ 3̇ 1̇ 2̇ | 1̇ 6 － － | 3̇ 0 6 － |
（哎）　唱起山歌难起　头　　（哎），

6 1̇ － | 3̇ 3̇ 2̇ 1̇ 2̇ 1̇ 6 | 1̇ 6 － － | 3̇ 0 0 0 6 |
（哎）木匠难修转角　　（嗷）楼。

1̇· 3̇ 2̇ 2̇ 1̇ | 1̇ 2̇ ⁶6 － | 0 1̇ 3̇ 2̇ 2̇ 1̇ | 1̇ 2̇ 1̇ 6 |
石（哎）匠难圆石狮　　子（哎）画匠难　画凤凰（哎）

3̇ 　 0 | 0 | 0 ‖
头。

露水湿咾蔓不断

（山歌）

♭G $\frac{3}{4}$ $\frac{4}{8}$ $\frac{3}{8}$

1=

稍慢

甘　泉
李永福　唱
蒋顺仁　记

0 3 5 | 6 6 - | 6 1 6 5 3 | 3 3 5 6 6 |
露 水 湿（咾）蔓 不 断，石 榴 红 的

5 3 5 | 3 6 | 6 | 6 - - | 6 0 2 |
裙 子（啦）扇 脚（哎）　　　面。　露

3 5 6 6 6 | 3 3 5 3 | 5 5 6 3 3 5 | 3 2 6 - |
水（啦）湿了（的）鞋 在（哩）太阳（呢）出来 了 可 晒

6 | 0 | 0 ‖
（哩）

山对山来崖对崖

（山歌）

1=G $\frac{2}{4}$

自由地

角弓年家村
岑成财　唱
蒋顺仁　记

6 - | 6 1 2 3 5 | 6 - | 6 5 6 5 6 | 3 6 3 2 1 |
（哎）　　　　　　　　　　　山 对 山（是）

6 2 1 | 6 3 5 | 2 2 2 1 6 | 6 6 6 ‖
崖 对 崖（哎）哪 达 铁 桥 接 过 来。

十 二 个 月

(山 歌)

1=♭D 3/4 4/4

稍慢自由

枫乡麻地湾
马中发　唱
蒋顺仁　记

(哎)　正月 打春 (哎)　头 一 天 (哎)

(吆)，　　(哎)　正好 玩耍 要离

(哎 吆)　别。　　(哎)

麻 捻 要连 (哎)　细处 (嗷) 断 (嗷) (吆)，

(哎)　好像 阴坡 砸 坎。

催眠曲

催眠曲，顾名思义，就是进行催眠的一些音乐曲子，通过这些音乐，来帮助被催眠者进入睡眠的状态之中。早在我国春秋战国时期，就已经谈到音乐对身心健康的影响，"烦于淫声，堙心耳，及忘和平，君子勿听也。至于烦，乃舍也易，天以生疾。君子近琴瑟，以仪节也，非以心也"。通过音乐来调整自己的情绪，这也是一种类似催眠的心理暗示。

武都催眠曲节奏单调，旋律平淡而且起伏性小。歌词随口编出，时而出现奇数句子，时而出现偶数句子。唱法各异，常常单调地唱出对孩子的爱称。为了促使孩子入睡，声音低沉，口词不甚清楚。常是一边唱一边在孩子身上轻轻地拍打节奏，而且自己的身子不断左右摇晃。

催 眠 曲

1=F 2/4
慢

城　　　关
陈婵英　唱
蒋顺仁　记

```
 6  6 │  6 5 3 │ 6    6 │ i 6 │ 7 6 5 3 │
(奥   奥 呀 奥  奥),  狗  狗   乖 (呀)

 2  2 │ 3 5 3 5 │ 3  2 1 │ 6  6 ‖
(奥  奥),  睡  觉   觉 (呀   奥  奥)。
```

注：狗狗——是对孩子的爱称。

牛 娃 儿 睡 着 唉

（催眠曲）

1=C 2/4
慢速

汉　王　黎营
李玉祥　　唱
蒋顺仁　　记

```
 2  2 │ 3  5 5 │ 3 5 3 │ 2  2 │ 2  2 ‖
(喔  喔)  牛 娃 儿  睡 着   唉 (哟  喔  喔)。
```

注：牛娃儿——是对孩子的爱称。

酒 曲

即是请客喝酒时唱的歌子，以增进友谊而送上赞词和祝福为多，也有猜拳行令时唱的。

酒曲的曲调流畅欢快，这种表现形式在坪亚藏族一带为多。

酒 曲

1=F

散板、自由地

坪 牙 六村
杨生祥（藏） 唱
蒋顺仁 记

1 - 212 3 ³3 ⁴³3 ⁴³3 ²1 5 21 1 32 123 216 6 - 1611 216

1 2121 212 3 21 6 - 60 5³ - 17 17 1 - 21 32 3 ⁴3 ⁴³3 ³²1

21 161 3 21 3 21 6 6 212 321 3 2121 6 - 60

酒　曲

1=G 2/4

三　　河
杨明彩　唱
蒋顺仁　记

```
5 3  5 | 1 6  5 | 6 5  3 5 | 2  - | 5 3  5 | 1 6  5 |
```
一　杯　酒　儿　慢　慢　斟，　我　问　小　哥
二　杯　酒　儿　往　上　升，　奴　在　绣　房
三　杯　酒　儿　转　花　园，　花　树　底　下

```
6 5  3 2 | 2 0 ‖: 1 1  1 2 | 5·  2 | 5 3  2 1 | 5 6  1 |
```
哪（哎）里　生？　生是　生在　元　宵　会（哎），元宵　会　上
不（哎）知　音，　一张　桌子　干　干　净（哎），一人　坐　下
转（哎）三　转，　采花　童子　卖　花　女（哎），采花　娘　子

```
2 1  5 6 | 5  - | 3 3  3 1 | 2 3·  3 3 | 5 5 5  5 6 | 1 0 :‖
```
闹（哎）花　灯。　（小哎　小情　哥　　么女儿　就是　我）。
二（哎）人　陪。　（小哎　小情　哥　　么女儿　就是　我）。
成（哎）神　仙。　（小哎　小情　哥　　么女儿　就是　我）。

打夯号子

群众修堤坝筑路等土建工程打夯时所唱劳动号子。词格以七言四句居多，内容是古今中外、天文地理无所不包。曲调风格不尽相同，但都节拍规整，节奏鲜明。演唱形式均为一领众合式。

打夯唱号子，可使劳动者思想统一、行动用力统一，而且丰富了生活、解除疲劳。

打夯号子紧密地配合打夯动作，故而节奏性强。为了使唱者疲劳而旋律起伏较小，它的节拍常以 2/4、4/4 出现。

它的表现形式是一人领唱、大家合唱，歌词一般由领唱者信口编出，但大家唱的衬字却是固定的。歌词质朴生活味浓，生动形象。

打 夯 号 子

（一）

1=C 2/4

稍慢

城关梁园子
韩德福　唱
蒋顺仁　记

（领）5 5 5　2 2 ｜（合）5 5　6 5 ｜（领）5 5 6　i ｜
　　（扎啦啦 来呀　　喊喊 哟好）　起来个 了，

（合）6 6 5　6 6 6 ｜ 5　6 ｜ 6·5　5 6 ｜ 5　6 ｜
　　有 一个（呀 吱儿）花（呀， 哎 嗨 呀嗨 哟 呀，

3　3 ｜ 3·i ｜ 2 3 ｜ 3 2 3　5 5 ｜ 5　7 6　5 5 ‖
嗨 哟）打 起 来　打 起 来（呀 哎 嗨 嗨呀）。

（二）

1=G 2/4

城关梁园子
韩德福　唱
蒋顺仁　记

5　4 2 1　5 2 ｜ i ｜ 1 1 7　5 7 ｜ 1 2 ｜ 1 ｜
我 把 的个 号子（呀， 哟 好　呀伙 儿 嗨 呀），

4 2　5 2 1　7 ｜ 7 5 ｜ 1 1 7　5 7 ｜ 1 2 ｜ 1 ‖
换（哎）过（的个）音（呀， 哎嗨 呀哈 哎 呀）。

（三）

1=G 4/4

韩德福　唱
蒋顺仁　记

（领）2 5　4 2　5 6　5 5｜（合）5 2　5 5　7·2　1｜

急 忙　忙(呀) 把 号　子(呀)，　　哦 呀　哦好·喊　　呀)，
清 早　问(那) 小 伙　计(呀)，　　哦 呀　哦好 喊　　呀)，
许 多　的(呀) 大 道　人(呀)，　　哦 呀　哦好 喊　　呀)，
有 的　人(呀) 手 拿　着(呀)，　　哦 呀　哦好 喊　　呀)，
有 的　人(呀) 手 拿　着(呀)，　　哦 呀　哦好 喊　　呀)，

（领）i 6 5　5 6 5　5 2 1　7 5｜（合）1 1 7　5 7　1 2　1｜：

哎嗨嗨　呀哎儿 喊　　(呀，　　哎嗨　呀伙 喊　　呀)。
提门个　两　扇　　(呀，　　哎嗨　呀伙 喊　　呀)。
都在的　外　边　　(呀，　　哎嗨　呀伙 喊　　呀)。
绫罗的　彩　缎　　(呀，　　哎嗨　呀伙 喊　　呀)。
粗布的　衣　衫　　(呀，　　哎嗨　呀伙 喊　　呀)。

（四）

1=G 2/4

稍慢

韩德福　唱
蒋顺仁　记

（领）5 5 3　2 2｜（合）1 3　2 2｜（领）5 5 5 3　2 2｜

采 花儿　采 在　　　花 儿 长(呀)，　　采 的 什 么　花(呀)，

（合）1 3　2 2｜5·6　5｜5·6　5｜5　1 6｜

花 儿　长(呀)，(哎　呦　哎　　呦) 看　灯 子

5 5　3 3 3｜2 3　5 6｜1 6 1 6　5 5‖

花(呀) 看 灯 子　花 儿　长(呀)　上 来 下 去　打(呀)。

（五）

1=G 4/4

韩德福　唱

蒋顺仁　记

稍慢

（领）**6 6　6 i　6 7 6　5 3** ｜（合）**6　7 6 7　2·3　2** ｜

正（呀）月（的）里　　来（啊　　哎　哎嗨　喊　　呀），

正（呀）月（的）十　　五（啊　　哎　哎嗨　喊　　呀），

（领）**5 2 3　5 6 7　5·3　2** ｜（合）**6 2　7 6　2 3　2** ‖

正（啊）月（的）　正（呀，　　哎嗨呀伙　喊　　呀）。

玩（啊）花（的）　灯（呀，　　哎嗨呀伙　喊　　呀）。

（六）

1=G 4/4

韩德福　唱

蒋顺仁　记

慢转渐慢

（领）**i 6　5　⁴5 5　⁴5　6 5** ｜（合）**5　6 5　⁴5·　5·** ｜

我　把　的　调（呀）子，　　　（哎　哎嗨　喊　呀），

（领）**5 4　5 6 5　2**（合）**2 4** ｜**i　2 4　5　-** ｜

换过　（的个）音（呀哈　嗨呀哈　嗨），

4 2　5　⁷6　5 5　4 2 ｜**5 5 4　2 2　1　⁷1** ｜

（哎　　　　　喊　哎嗨　呀哈　喊　呀哈

2 1　2 4 2　1　⁷1 ｜**2 1　2 2　⁴4　0** ‖

喊呀　喊依　喊　呀哈　喊呀　喊依　嗨）。

打锣鼓草

　　打锣鼓草即是一种农作锄草号子。打锣鼓草流行于武都南部山区，接连康县、文县一带也有流传。主要流传于裕河乡庙坝村、陈家村、观音河一带。这里山大沟深人稀少，单家独户劳力不足，加上野兽出没，窃食庄稼，伤害人畜。在这种特定的自然条件和劳动环境中，当地人便团结互助，配以锣鼓敲击，形成结伴成群、协作生产的劳作信息，起到惊吓野兽提神的作用。久而久之，形成了独具的请神求愿、组织生产、鼓舞生产、调节情绪等功能风格，成为锄草者的劳动进行曲。因为演唱时敲锣打鼓，故称"打锣鼓草"。

　　打锣鼓草有特定的歌子，分早晨请神、中午杂唱、下午送神。歌词以七律对偶或十字对衬表现为多。唱法大都是说唱形式，曲调简单朴素，具备南风的细腻委婉。其独特的民间艺术形式，特定的乡贤文化，来源于人们击鼓鸣锣吆喝驱赶野兽和祭祀山神，由于时代的发展，演变转化成一种农耕劳动山歌。

　　打锣鼓草是一人敲锣，一人打鼓，唱锣鼓草歌，大家随锣鼓手的指挥边干活边唱歌薅草，表演大致分为牵线子、扎盖子、起歌头，安五方、说正方、要歌子、办交接等步骤。曲目有《牧牛打虎》《八仙图》《十二枝花》等，节拍有九拍、十二拍、花拍子几种。唱词分五字、七字、十字等。

　　锣鼓的演奏方法，种类很多，复杂多变，有快节奏和慢节奏之分。锣鼓点子一般是由慢到快，随着节奏的加快，达到出现劳动的高潮。一天之内，形成三起三跌，特别是在收工之前，要赶劳动进度，锣鼓节奏越来越快，劳动场面常用"饿马奔槽"来形容。锣鼓歌师既要演奏，又要演唱，劳动时间内不能间断，口唱时要与锣鼓演奏相配合，互相衬托，得以缓冲。一般是在每一句唱词中，要配以鼓锣，在句尾上，配以较长时间的锣鼓点子，使锣鼓在演奏中，较山歌的比重要大些。山歌可以现编现唱，其打击乐有锣、鼓、钹等，歌手领唱，众接腔合唱，配以锣鼓伴奏。锣鼓声响亮，时轻时重，阴阳有致。唱者慷慨激昂，劳动者的和声波澜起伏，敲打乐器，单人接歌或互相接歌，你叫我接或两人叫，一领众合或锄草人一齐接。锣鼓师有时自打自唱，不拘一格。"唱"和"打"配合不同，若唱时不打，只以锣鼓作奏，谓之"住鼓听声"；若边打边唱，以锣鼓伴歌，则称之"鼓里藏声"。有的地方还配有唢呐，称为"吹锣鼓"，仅用打击乐器伴奏接腔的称作"盘锣鼓"。

在活动开始前，锣鼓声响过，端公羊皮鼓响起，并入庙烧香安神道：

请山神，请歌爷，请歌娘，再请五方神灵。请太阳、土地、八大神，祈祷天时地利人和。

端公敲响过羊皮鼓喊叫《立五门》，即：

东方甲乙木，南方丙丁火，西方庚辛金，北方壬癸水，中央戊己土，天地神灵和。今锄五谷地，保佑平安人。

　　端公唱罢，人群涌动，走向地头。路上起歌头，通常无固定的形式，无循规蹈矩，男歌师一开始，即在召集人时编唱"引子"：

收过麦子家家忙，苞谷长得快草荒。

每家要出一个人，互帮互助人心旺。

　　阳光普照，正值农历六月酷暑，锄草的人们在齐肩深的苞谷苗中，争先恐后培土除草，虽然大汗淋漓，但丝毫无劳累之感。每当锄草队伍乱套时，唱词马上进行调整。对不合正理的、偷奸耍滑的，出工不出力的或调侃，或规劝，或打趣，或逗乐。锣鼓草的歌文很多，山歌调门也多，演唱形式丰富，有领唱、齐唱、独唱、对唱等，演唱内容有传统的《三国》《八仙》《梁山伯与祝英台》等，但大多是现编现唱，边击边想，边打边唱，内容均为口头创作，见好夸好，以物及人。唱词有五字句、七字句、十字句。一般是单句虚词拖腔，复句押韵，且一韵到底。歌词内容多为生活、爱情，以及流传的王昭君传说、"三国演义"、"封神榜"、"梁祝"等1000多首。加上随口编唱的五句歌，数量无法统计。

　　目前，打锣鼓草乐手逐步退出舞台，有的相继去世，有的绝技难以传承，而年轻的乐手，很少有技艺较高的，随着农村群众文化生活日益丰富，审美需求提高，对打锣鼓草的兴趣愈来愈淡漠，大多青年外出打工，锣鼓草活动的发展举步维艰，濒危状况难以改变。

　　2007年，打锣鼓草申报为市级非遗保护名录。

（资料整理　张　鹏　田茂林）

打 锣 鼓 草

（一）踩路

枫相　艾湾
胡文富　唱
蒋顺仁　记

1=G 2/4

快板

| 5 3 | 5 | 6 | 6 | 5 6 | 5 3 | 2 | 0 ‖ |

叫我（喔）来（哟）我　就　来，
我往（喔）东方东路　来。
东方（喔）城门不　得　开，
我朝（喔）天宫拜三　拜。
天宫（喔）钥匙降下　来，
钥匙（喔）只有二十　五。
两手（喔）开开城门　来，
开开（喔）城门无别　事，
开开（喔）城门把歌　排。

（二）十字

1=C 2/4

慢速

| 5 5 5 6 | 1 | 3 5 | 3 2 | 2 1 6 | 1 | 2 | 0 |

三（啦）公主王玉莲　两下　交　战，
金（啦）盔上砍一刀　鲜血　漂　漂，
三（啦）公主把战观　好员　良　将，
三（啦）公主设一计　假装　败　走，
王（啦）玉莲不知情　把马　追　赶，

| 3 2 3 | 2 1 | 6 5 | 6 | 1 2 1 | 6 5 | 5 | 0 ‖ |

你一刀我一枪　要定（那）输　赢。
咽喉下还一枪　至今（那）疼　疼。
人又强马又强　富过（那）天　神。
朝左边列一马　过路（那）逃　走。
往前走四五步　去落（那）陷　坑。

（三）

1=G 2/4
快板

```
5 3   5 | 6   6· | 5 6   5 3 | 2   0 ‖
```
玉 莲 （哎） 绑 到 　 垛 坊 　 上，
哭 哭 （哎） 啼 啼 　 泪 汪 　 汪。

打 锣 鼓 草

1=D 2/4
稍快

王永清　唱
蒋顺仁　记

```
i i 6 i | 6 i i | i 0 | 6 i 6 i | 2 i | 6 5 |
```
快快 锄来 快 快 挖， 前面 一处 歇（喔）凉

```
6 0 | i 2 6 i | 6 5 | 0 0 | i i 6 i | 6 i 6 6 |
```
（哎） 凉 稍。 　 桌子 头上 一令 牌我

```
i i 6 i | 2 i | 6 6 5 | 6 0 | 2 6 i i | 6 5 | 5 0 ‖
```
豆腐 鱼盆 端（哎）去（呀哎 哟 喔喔）来（呀）。

司公赞神曲

巫神（当地称为司公）用于请神断吉凶时唱的曲子。巫神满身披挂，手打羊皮扇鼓，边打边舞边唱。

它有一整套的唱曲，也有唱本，歌词一般是七言律的对偶，都是说唱风，曲调诙谐。

祀 公 赞 神 曲（一）

1=G 2/4

中速

汉　　　王
王启堂　唱
蒋顺仁　记

```
3    5 3  | 3   6  |  2 3    1 6  | 6    0  |
环   香(的)  炉  (来)   赵    大     人，

3    3 2  | 3   5  |  2 3    1 6  | 6    0  ‖
金   纸(的)  钱  马    烧    一     份。
```

祀 公 赞 神 曲（二）

1=G　2/4

中速

汉　　　王
王启堂　唱
蒋顺仁　记

```
5  3 | 6  3 | 1  6. | 6. - | 1  12 | 3  6 |
高(里) 高(来) 高(里) 高,    高  高(的) 山
```

```
5  - | 7  3 | 1  6. | 6. - | 5  3 | 6  3 |
上     一(吧) 丛     蒿,    高(里) 高(来)
```

```
1  6. | 6. - | 1  12 | 6  5 | 5  3 | 2  - |
高(里) 高,    按  着 的 今  年 长  高  了,
```

```
6  5 | 3  6 | 5  3 | 2  - | 35  3 | 5  6  5 |
坡 里 娃 娃 不 好 学,    过   来  过 去 就
```

```
35  3 | 3  21 | 6. - | 6  5 | 5  6  5 | 5  3 |
要    拿 火 来  烧,   烧 来 烧 去 就 烧 死
```

```
2  - | 1  12 | ³5  5 | 53  221 | 6. - |
了,    水 龙 王 担 水 旱(哎) 龙 王(的) 浇,
```

```
1  12 | 35  5 | 53  2  16 |
浇 来  浇  去 浇哎 活  的
```

```
6. —                            ‖
了。
```

祀 公 赞 神 曲（三）

1=G 2/4 3/4

中速

汉　　　　王

王启堂　唱

蒋顺仁　记

6 - | 6 3 | 6 36 3 | 3 53 2 | 2 3·5 | 1 6 6 | 2 3 |

（哎）　　拾叫　　元满　　发心的会手，东去

6 - | 5 65 3 | 2 35 53 | 53 2 | 2 3 6 | 56 5 | 3 53 |

东　成，西去　　西　成，保了　众人爷们

2 3·5 | 1 6 6 | 2 3 | 6 5 | 53 2 | 2 3 6 | 3 53 2 |

亲戚　　平　安，保了牛羊六　畜低头　吃草

2 35 | 1 6 6 | 2 3 6 | 53 2 | 2 35 | 1 6 6 |

抬头　长膘，邪毛　歪道查放　以　外。

注：“邪毛”即魔鬼。

祀 公 赞 神 曲（四）

1=G 2/4
中速

隆兴王家坝
王义华　唱
蒋顺仁　记

5 － | 5 － | 3 5 3　3 2 1 6 | 3 2 1 6　5 |
（嗨）　　　　　　一 拜　了（呀哈）东 方 （呀）

1 1 2　3 5 | 3 2 1 6　5 | 5　0 | 6 6 6 5　5 1 6 |
一　一刹 一刹 晴（哎），　（哎哟哟好）二 拜

5 － | 3 5 3　3 2 1 2 | 5 3　5 5 3 1 6 | 5　5 0 3 3 |
了　　南方（唵 喊）火（了）焰 红（他 哎嘛）

1 2 3　2 1 | 7 6 5　5 | 5 3　5 2 1 | 5　5 |
三拜　了的 西 方（呀）乾（了）方（的个）金（呀），

6 6 6 6　1 6 6 5 | 5 3　5 3 | 5 2 1　5 5 |
四拜（那个）北 方　　（吔）壬（哟）癸（的个）水（吔），

1 2 1 2　1 6 | 6 5　5 | 1 2　3 2 1 | 5　5 ‖
五 拜　（了个）中 央（哎）戊（哎）己（的个）土 （哎）。

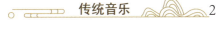

说春曲

　　相传远古时期，人们不知道按气候节令来种庄稼，常常有种无收，于是管天管地的"三皇爷"及"五帝"十分着急，他们便骑一头耕牛下农村向农民宣传气象知识和种田的技术，年年如此，便形成了后来的"春官说春"习俗。

　　春官说唱曲艺主要是以唱为主，伴以说的内容。以陇南山歌曲调、说唱调、"哎"曲自由调三种调式进行演唱，因而形成独特内容、形式及独特谱系。《春官歌》的演唱，一般开头先唱一段《五方财门》或《十二送春》，接着就按这家的职业情况演唱各种春歌。"春官说春"所表现的内容特征上，均有报"吉祥"、送"祝贺"、示"天象历法"等主要功能、效用。

　　春官的唱词，欢快动听，一般比较固定。均属男声对唱，与现代的相声有些相似，前一个人唱完后，后一个人马上唱自己的一段，在接唱的时候有一个长长的拖音，旋律单调，经配合后听起来十分动听。歌词继承了古代民歌中赋、比、兴的传统手法，如"走了一山又一山，眼看太阳要落山"，表现了他们干这种差事的艰辛；"春官生来眼儿尖，看见你家炕上宽"，就采用起兴的表现手法来表达形象的事物。

　　春官唱词取材较为广泛。春官除了传统固定的唱词外，随机应变，见啥唱啥；有时取材历史典籍，如《二十四孝》；有寓言故事，如《盘古开辟天地间》；也有反映民情风俗的如《新春喜》《和气春》等，取材广泛，语言朴素。大多为一、三句起兴。二、四句叙事，有些句子押韵，有些不押韵，唱起来朗朗上口，富有情趣。

（资料整理　蒋顺仁）

大筒子演奏

　　大筒子演奏依托高山戏演出而传承发展,发源于高山戏盛行的武都鱼龙、隆兴等地。20世纪90年代以前,武都境内外演出众多,在鱼龙最为盛行,譬如秋水坪、阳山村、杨坝村、上尹村等都有传统的演出。

　　大筒子,高山戏文场最具特色的领奏乐器,琴筒呈椭圆形,琴皮多用蛇皮(民间也有用猪尿脬代替蛇皮的做法);琴杆较二胡短,顶部镶在龙耳旁;弓子形同二胡,弦用马尾。大筒子因琴筒较大而得名,音色圆润、浑厚,极富歌唱性,柔美抒情之特点非常明显。演唱时伴奏或领奏,实践当中多运用揉弦、上滑、下滑等多种技巧。

　　大筒子演奏调式以高山戏调式为主,高山戏常用调式有羽调式、徵调式、商调式、宫调式。其中羽调式运用最为广泛。羽调式中"6"是其调式特征音、色彩音,它与属方向和下属方向音"3"的频繁使用,推动着调式中各音级的运动趋向,在大部分乐曲中变宫"7"的出现,在没有破坏调式旋律的五声性素质的情况下,扩大了旋律的表现力,从而丰富了较单一的五声调式。除此,调式的交替使用在高山戏传统唱腔中的运用也很常见,这也形成了高山戏音乐的鲜明特征。

(资料整理　尹利宝)

吹唢呐

唢呐，又名喇叭。簧管乐器，管口铜制，管身木制。唢呐是波斯语音译，最早的唢呐流行于波斯、阿拉伯一带。大约在公元 3 世纪，唢呐已在中国出现，新疆白城克孜尔石窟壁画有吹奏唢呐的形象。金、元时代，唢呐大量传入中原地区，明代时已普遍使用。主要用于独奏、合奏，有时用于伴奏。唢呐演奏在陇南武都、康县、成县、文县、宕昌等县民间流传比较广泛。

长期以来，吹唢呐的人叫唢呐匠。在农村，民间凡遇红、白喜事，都有吹唢呐的传统习俗。武都民间唢呐有很多曲牌，其中流行最广的有一百多个，基本都属于民间小调。表现欢乐喜庆场面的曲调有《大红门》《开财门》《八仙上寿》《全家福》等，表现伤悲哀婉场面的曲调有《哭长城》《哭五更》《吊丧》等。

行路吹《小开门》，拜天地、闹洞房吹《割韭菜》，吃饭吹《卖杂货》《绣荷包》，执事说话行礼时吹《四合四》《八谱》，给死人烧纸举哀时吹《柳生芽》，中午"响堂"是吹《对口》《雁落沙滩》《鬼推磨》等。唢呐有大乐、细乐、长号之分。大乐即大唢呐，细乐即笛、箫、甩子和小唢呐（又叫"叽呐子"）；长号又叫大号，主要用于迎接宾客。

办喜事吹唢呐，不只是给喜事增添气氛，而且根据民间传说还能"逢凶化吉"。据《中国民俗故事集》说，从前有个地方五谷丰登，六畜兴旺，家家的日子过得称心如意。唯独有一件事全村人放心不下，村子前边有个大岩石，岩石下有条通往村子的必经大道，岩上有条大裂缝，缝里躲着个大妖魔。每逢村里人娶新媳妇经过岩下那条大道时，那妖魔就在石缝中张开巨口，把气一吸，新媳妇就像升天一样被吸进了石缝。

新媳妇被吸食了一个又一个，美满的姻缘断送了一起又一起。人们对这万恶的妖魔伤透了脑筋，还是想不出制伏的办法。有个老人说，这妖魔最怕铜器的声音，人们就利用妖魔的弱点，请人用铜打了两个大唢呐、一支长号、一副铜钹、一副铜锣，由四个人吹打合奏，组成了一支迎亲乐队。每逢人们娶新媳妇时就由这支唢呐乐队走在前头，沿途吹吹打打，悠扬的唢呐声在山谷中回荡，吓得妖魔全身哆嗦，躲在岩缝里不敢出来，日长月久，终于将妖魔饿死在岩缝里了。从那以后，新媳妇就能顺利地通过岩下那条大道，平平安安到达新郎家中。终年累月，便沿袭成了迎亲吹唢呐的习俗。

（资料整理　王福忠）

传统舞蹈

中华民族的舞蹈文化源远流长，上下五千年，记录中华民族舞蹈发展轨迹的文物图像和文字，连绵不断，这在世界文化史上也是罕见的。

坪垭傩舞

　　武都区坪垭乡是纯藏族乡，东与两水镇相接，南与舟曲县曲告纳乡接壤，西与舟曲县八楞乡、宕昌县沙湾镇相接，北与角弓镇、石门乡、两水镇毗邻。村寨坐落白龙江南岸的山腰地带，境内山高谷深，沟壑纵横，山体形成九沟八梁，自然地理条件复杂。

　　坪垭傩舞（坪垭语叫巴）是由寺院喇嘛在宗教仪式中表演的面具舞蹈，是一种渲染宗教祭祀礼仪的寺庙舞蹈。坪垭傩舞是根据流传于西藏青海等各藏族地区的"神兽舞""金刚法舞"和"羌舞"演变而来，目前每年在全乡七个大寺院均有演出活动。

　　坪垭傩舞历史源远流长，据老艺人回忆，这种舞蹈早在明清时期就已有了表演。坪垭傩舞是藏族早期的宗教乐舞的一种，随着历史的演变，它已汇聚了多元宗教文化和其他文化艺术的别样形式，从而形成了特有的文化现象。

坪垭傩舞的面具、道具及其相关制品全由当地工匠用心制作，因其工艺流程严谨，所以做好的面具威严、肃穆、形态逼真。

在坪垭藏族乡每年四月十五（佛诞节）、冬至、正月十五等宗教纪念日，各村均要举行盛大的傩面舞表演，而且在寺院内举行诵经、晒佛佛事、煨桑祭祀等活动。

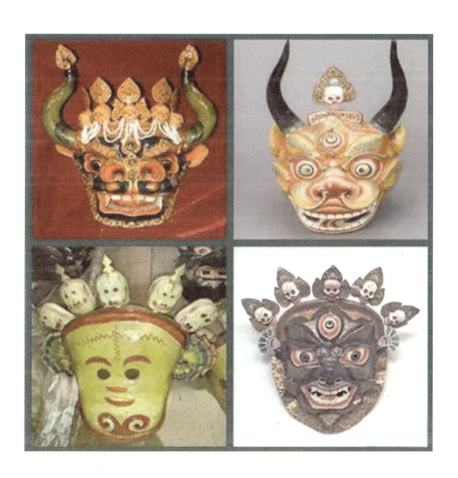

武都祀公舞

　　祀公舞源于原始巫舞，是一种古老的宗教祭祀舞蹈，其历史渊源是表演的宗教性舞蹈，后演变为娱乐性的表演形式。武都祀公舞流传于郭河乡、龙凤、玉皇、三河、佛崖、安化等地，常以边唱边舞的形式以舞降神为特征的民间祭祀舞蹈。祀公舞大致有五种表演形式：上庙赞神、庙会赞神、还保状愿赞神、求雨还愿赞神、还非教愿赞神。这些赞神形式延续了数千年之久，印证了祀公舞的历史悠久，文化底蕴深厚。

祀公舞有内坛和外坛之分。内坛师公多与道公结合，有文、武两科，主要用于唱赞神圣、祖庙、土地等祭祀活动，有《法器舞》《三元舞》《跳甘五》《女游舞》《杀吊猪》《依饭舞》《盘古舞》《雷神舞》等。外坛师公舞多反映农民劳动生产的过程，有"雷舞"，反映当地祝愿与寄托一年风调雨顺、农事顺利、五谷丰登、六畜兴旺的美好生活的愿望。

唱腔曲牌

祀公舞的唱腔曲牌数目众多，有【混沌初开、乾坤始奠】【三皇五帝】【夏商周秦】【两汉三国】【晋南北朝】【隋唐五代】【宋元明清】【肉肆行】【花果行】【成衣行】【棺木行】等。

曲目

祀公舞的曲目流传很多，有《鲁班架桥舞》《功萝舞》《打草舞》《罗伞舞》《明灯舞》《筋米舞》《法器舞》《三元舞》《跳甘五》《女游舞》《杀吊猪》《依饭舞》《盘古舞》《雷神舞》等。

演出形式

1. 祀公舞大致有五种表演形式：一是上庙开光、召神认相；二是在开庙会时赞神；三是为刚出生的孩子祈福；四是求雨还愿，待下雨后再请师公赞神还愿感谢神灵；五是在人们做噩梦、遇到危险、求财做卖、受人重骗等情况下，请师公赞神，并杀羊祭献，来驱凶祈福。

2. 赞神的过程：师公之舞的赞神过程有着深厚的人文底蕴。赞神共进行三天三夜，并且每天的仪式、内容、唱腔曲牌、曲目都不相同，请神送神更是囊括了数百种唱词。

历史渊源

祀公舞源于何时，没有可靠的文字依据，但是民间对于师公之舞的起源有不同的说法。一说源于黄帝时代，说黄帝就是运用梅山教密文战胜蚩尤的；又传唐宏、葛雍、周武为皇帝母亲击鼓舞蹈，驱邪治病，皇帝封其为三元，"三元教"遂广为流传。虽然说法不一，但也在一定程度上证明了祀公舞起源甚古。

祀公舞是一种以巫扮神的民俗活动。古文献《周礼·春官·宗伯第三》记："司巫……若国大旱，则师巫而舞雩"。不难看出，祀公舞是以舞降神为特征的民间祭祀舞蹈。

祀公舞是祭神、祭祖、作斋、打醮以驱邪祈福的活动，这种具有明显的宗教或者说迷信色彩的民间祭祀活动，表现自然界的各种神灵、神祇以及道教中的神仙人物，并有与之相应的舞蹈，以表现该神的神威、圣迹，具有深厚的人文历史价值，是人类宝贵的文化资源，是先辈对于我们的恩赐。

祀公舞的价值

师公之舞源于古代的巫舞，在形式上保持着原始宗教活动中巫术的基本特征，依附于一定的祭祀仪式，与古代先民的原始宗教仪式有着深刻的渊源关系。祀公舞的宗教仪式在长期的发展中，与民族文化渗透融合，吸收了当地民间舞蹈，并以各种民俗形式流传下来。祀公舞作为古代舞蹈的现代遗存，对综合研究地域文化历史有着重要的、不可替代的作用，具有宝贵的文化价值和实用价值。祀公舞简单中富于对比，在继承的基础上有所发展，吸取了多种艺术素养，具有浓郁乡土气息和地方特色，在民俗文化、音乐戏曲文化、社会学、宗教学方面有重要的研究价值，在艺术上，也有相当的审美价值。

相关制品：

1. 扁鼓、锣等打击乐器。

2. 帅冠、身褂子、八卦等服饰装扮。

3. 传统师公之舞的作品数量很多，如"开光庙会""太平清醮""祈神还愿""度之功德"等。

民俗

民俗又称民间文化，是指一个民族或一个社会群体在长期的生产实践和社会生活中逐渐形成并世代相传、较为稳定的文化事项，可以简单概括为民间流行的风尚、习俗。

社　火

　　社火是武都当地汉族庆祝春节的传统狂欢活动。武都当地社火种类很多，具体形式随地域而有较大差异，大致有锣鼓手、掌灯子、高跷、小跷、吉祥狮、神龙、神马、龙船、棍舞、路曲等，社火的脸谱也显得粗犷而豪迈，尽显武都人民的豪爽和大度。社火凝聚了劳动人民的思想，体现了人们的生活，既丰富了劳动人民农闲时期的生活，也是庆贺新春的一种重要方式，人们通过社火表演来表达自己的快乐和心愿。

　　"社火"亦称"射虎"，历史源远流长，史料称："民间鼓乐谓之社火，不可悉记，大抵以滑稽取笑。"（南宋·范成大《上元纪吴中节物俳谐体三十二韵》）古代农家以户族设"堂"，以村、堡设"社"；与"社"有

关的事称"社事"，诸如"社火会""孝义会""曲子会"等，把各种不同爱好的人组织起来，设会头，订会章，收会（社）员，交会费，有一定的感召力量和威望，遇有不轨行为，也有权力处理。这种会社，每逢迎神报赛、庆贺集会，必然举行游艺活动，锣鼓火把助威，狮子龙灯游行，人群相随，显然是"人威"助长了"神威"，就形成了"社火"风俗，它与民间的还愿风俗（庙会风俗），如同孪生姊妹。社火产生的年代相当久远，它是随着古老的祭祀活动而逐渐形成的。远古时的人类正处于幼稚时期，生产力极其低下，原始先民们对人类的生死，及自然界里的许多现象如对日月、灾荒等既不能抗拒，也不可能理解，只能幻想借助于超自然的力量来主宰它，于是创造出各种各样的神。当社会生产由渔猎转入农耕，土地便成了人类赖以生存的基础，于是渴望风调雨顺、农作丰收或驱鬼逐疫的祈禳性祭祀活动便产生了。《礼记·祭法》中载："共工氏之霸九州也，其子曰后土，能平九州，故祀以为社。"

社火这一活动千秋万代地流传下来，但随着人类的进步，时代的演变，其形式、内容发生了质的变化，新的时代赋予社火以新的内容。现时，社火从根本上不再是表达人们对"神"的崇拜，而是演变成了一种内容健康、形式活泼、名目繁多、生动有趣的文化娱乐活动，同时，也成为一种新的民俗。

社火队的主要项目有舞龙、高跷、旱船、竹马等。

舞龙，在耍法上，各地风格大同小异，均以"二龙戏珠""金龙蟠玉柱"为主要表现形式。在欢快的锣鼓声中，一人手持彩灯（象征宝珠）在前领舞，其他多人持龙头、龙身和龙尾下的木柄随着左右挥舞，使龙体在空中悠悠舞动，上下翻飞，腾挪跌宕，展现出巨龙"翻身""打滚""穿花""嬉戏""摆尾"等系列气势恢宏的场景。龙身辅以彩灯、莲花灯等各式花灯，施放烟火、爆竹，声势浩大，场面壮观热闹。舞龙中的龙，由龙头、龙身和龙尾构成，龙身较长，是龙的主体。在制作这种表演的龙时，用竹篾或者铁丝为架子，外面糊上纸或者是布，龙身的节与节之间，用布缝成筒状连接，然后彩绘描绘。龙身、龙头、龙尾制成后，在龙身的每节中部插置蜡梗，下部安置木柄，供表演的人用手抓握。

高跷，一般用椽材制成长约3尺或4尺的长方形柱体木腿，在上半部约

1尺的地方安装一长条（以脚宽为宜）横板，脚踩在横板上，上半部的木腿绑在人体的小腿上。身着历史戏剧人物服装。一般扮演的有《断桥》《盗仙草》《挑黄袍》《唐僧取经》《八仙过海》《包公赔情》等戏剧中的人物。在锣鼓音乐伴奏下，做行进队列或场地定点表演。如表演断桥，由许仙、青蛇、白蛇3人表演，加以简单的手势动作。

　　旱船，用竹子做成船形，再用彩纸或彩绸粘糊，有船姑娘驾船，走碎步，犹如船在海中行走样，由一老翁走在前面，手拿桨板，做摇船样。

　　竹马，用竹子做骨架，扎成马形，以彩绸或彩纸装饰，表演者腰围竹马，宛如骑马一样，男女成双成对，编队穿梭奔驰、跳跃、对唱，乐感强烈，气氛热烈。

　　武都社火现申报为市级非物质文化遗产保护名录，市级传承人为孙怀德、李新林。

（资料整理　张　鹏）

婚 礼

　　礼是人与人之间相处的规范。婚礼则规范着夫妇相处之道，并反映了华夏民族对夫妇、天地、阴阳、乾坤等关系的本质理解。夫妇之道正是汉式婚礼的核心义理。因此汉式婚礼绝不只是聚会、宴饮、取乐，更不可轻慢与亵渎，它是伦理哲学的一场庄重宣告。

　　古人认为黄昏是吉时，所以会在黄昏行娶妻之礼，因此夫妻结合的礼仪称为"昏礼"，后来演化为婚礼。传统婚礼习俗总以大红色烘托着喜庆、热烈的气氛。吉祥、祝福、孝敬成为婚礼上的主旨，几乎婚礼中的每项礼仪都渗透着中国人的哲学思想。

　　相传中国最早的婚姻关系和婚礼仪式从伏羲氏制嫁娶、女娲立媒妁开始。《通鉴外纪》载："上古男女无别，太昊始设嫁娶，以俪皮为礼。"从此，俪皮就成了经典的婚礼聘礼之一。之后，除了"俪皮之礼"之外，还得"必告父母"；到了夏商，又出现了"亲迎于庭""亲迎于堂"的仪节。周代是礼仪的集大成时代，彼时逐渐形成一套完整的婚姻礼仪，《仪礼》中有详细规制，整套仪式合为"六礼"。而所谓的六礼，据仪礼的记载，分别是纳采、问名、纳吉、纳征、请期、亲迎。

　　武都当地婚礼礼俗基本遵从"六礼"议程，但有所演变。就武都各地方传统婚礼礼俗也因地而异，不尽相同。大致总结起来有以下程序。

　　提亲礼俗　提亲是结成婚姻要走的第一步。"买卖凭中人，婚姻靠媒人。"提亲时，首先要请媒人吃饭，并送以烟、酒、茶之类，有的地方还要送鞋和衣服等，作为跑路钱。媒人去女方家，必须带一定数量的求婚礼物，通常要跑几趟。俗言道："成不成，跑三回"；"一家好女百家求，九十九回空回头"。他们认为，多次求婚之后才答应，说明女方家主贵；如果一两次求婚就答应，则显得卑贱。

媒人多次奔走，为的是讨一个"成"字。未成之前，女方是绝对不收提亲礼物的。媒人讨得"成"字，过去有的当即磕头、插香，礼仪从简，表示婚事初定；有的回到男家，备办礼物及香纸，忌单求双，再上女方家插香定亲。女方还要宴请亲戚朋友。插香之后，"名花有主"，别的媒人就不能再上门提亲。

盘亲礼俗 早期的盘亲只注重看女家或是男女当事人的生辰八字，后来扩展到议门第、家产、年龄、职位、品貌、健康状况等多方面的情况。俗话说："女大不中留，留来留去留出仇。"一般说，男大当婚，女大当嫁，婚龄不能悬殊太大。旧时，盘亲中要讲求男女双方的年庚和生辰八字。通过媒人往来走动，把男女双方的出生年、月、日、时干支合写在一张纸上，俗称"庚帖"。互换庚帖，再交阴阳先生"合算"，如不存在相克的不吉，继续议婚。俗信多变，有的在此村八字不合，属相相克，但到彼村却是好婚缘，这一比较也暴露了其中好些不可信处，当然"十里不同风，百里不同俗"，无疑是婚俗的必然特征。

订婚礼俗 俗称"喝定亲酒"，过去俗称"送定""过定""定聘"等。男方择吉日，和媒人一道前往女方家，拜见未来的岳父岳母，向女方家的神祖牌位（先人）上炷香，奠几杯酒，以示正式来求，共结百年之好的诚意。

订婚时，古时好多地方用雁，表示婚事已定。后来，随着买卖婚姻的兴盛和发展，逐渐演变成为定聘性质的定金和定礼。定礼，通常是一两套衣裳，外加四色之礼。现在，除定金加码外，一般多为戒指、首饰、手机、电器等。从古至今，定聘的定金必须是偶数，是多是少，外边包上红纸，俗称"红包""定钱"或"喜钱"；定礼也要成双成对，以象征所定婚姻"双双对对，万年富贵"。

订婚仪式，女方要款待媒人及族人。在族内老人陪坐的宴席上媒人坐首位，有时也因各种因素屈居次位。未婚女婿要依次给席上老人敬酒。席后，女方家和媒人商量礼银（即彩礼）。

请期与送礼　俗话说："典当勿催赎，女子勿催嫁。"过去婚期一般由男方家先提出，很少有女方家主动提出的。婚姻大事，嫁娶日子是至关重要的，需要利年利月吉日良辰，一定要趋吉避凶。如今，择日子时，大都革除了忌年、忌月、忌日等许多禁忌，好些旧俗也失去了应有的约束效力。

"送礼"，就是兑现"彩礼"。定亲之后，过些日子，一般在临近迎娶之前一两个月内，男方家正式将聘礼按两家言定的数目一次性送往女家。聘礼交接之日所举行的礼仪，便是"送礼"。有俗言："夸富作亲，送礼告艰难"，因而"十礼九不全"，送不全礼，多数女方家也不责怪男方家。即使有个别责怪的，媒人自有说辞。

娶亲　俗称"梳头媳妇""迎新媳妇"，或"迎新人""引夫人""引妇人"等。一般用两天时间，结婚吉日前一天是女家请客的日子，俗称"添箱"，亲戚朋友送来礼物礼钱，为将要出门的女子添嫁妆；这天晚上待嫁女会请来以前的闺中女伴陪伴自己一夜。第二天男方迎亲队伍会抬着大红花轿、吹着唢呐到女家，正式迎娶。

过去武都山区山大沟深，全都是用马迎亲。男方迎亲人数至少则三人，人数不等，但一定是单数。回来时加上新娘，正好凑成双数。迎亲人到女方家，要携带八个盘（大蒸馍）、压箱钱、二斤黄酒、姊妹钱，要换婚书，举行奠酒仪式。女方家把男方家带来的二斤黄酒倒入自家的酸菜缸（也有喝了的），用原来的瓶子再装二斤水或黄酒，让男方带回倒入酸菜缸，意为回酒瓶，意味着将来新媳妇和的酸菜味道纯正。

女方家招待迎亲人完毕，然后进行分工，背嫁妆的（俗称背箱子的）背着嫁妆（俗称陪房或陪嫁）先行，拉马的操心牲口。新郎家所派的迎亲人要给女方的同伴送以零钱，俗称"姊妹钱"或"伴女钱"。迎亲临行，女方家要同样派出送亲人，但一定是双数，少则六人，多则十余人或二十人不等；男性的老者必须是无丧偶的，小字辈必须是新娘的亲弟弟（无亲弟的便用堂弟），俗称"下马伴（倍）"。女方家要给背箱子的送红包（俗称背箱钱）；给牵马的也要送红包。

过去新娘上马足不踏土地，称为"不沾娘家泥土"。新人一上路，便成了一种禁忌体，一路不沾水、不停留、不落地，凡遇见古磨、古寺、碌碡或白石头之类，均撒写有"白虎避之大吉"的帖子。如果两家娶亲队在途中相遇，双方新娘互换随身佩戴的物件，过去是红头绳、手帕和簪花之类，现在多为发夹、手帕等。这些互换的物件，都是娘家人提前预备好的，不讲求等价交换。娶亲，多数在清早进行，路近则迟一点，路远则黎明之前动身，但娶亲到家一般不能超过中午十二点。

新娘迎到新郎家门口，要给送亲人敬酒敬烟，给"下马伴"钱，鸣放鞭炮。古往今来，新娘下马或下车之际，凡与其相克的三个属相都有回避，俗称"避三煞"；着皂服的人也不能在旁边逗留。然后，由新郎抱着（或者由女伴搀扶）送入洞房。

婚宴礼俗　俗称"吃喜酒""过事情""办喜事"。婚宴有大有小，量力而行。大者，俗称"大办"，吹腔鼓乐一同上，所有来客全招待，传统礼节不能少；小者，俗称"小将就"，只招待娘家送亲人，或舅家和家族里挨亲的几位老人，其余来客被专门的劳客在门外挡走，不让其恭贺。这种做法俗称"挡亲戚"，古俗遗留，至今仍很时兴。

过去，恭喜兴烟、酒、鞭炮、被面等。不管礼重礼轻，主家待客是一致的，不能厚此薄彼，失了礼数。不过从古到今有一点是特殊的：对娘舅家人（俗称"上古亲"或"老小喂家"）和送亲的娘家客要推上首席，单独招待。筵席丰盛，礼数周全，敬酒不停。忌讳让人挑出丝毫纰漏。娘家人吃罢下午酒席，在鼓乐声中，主家要亲自鸣放鞭炮，隆重送行。

回门　新婚之后，新娘要转头回娘家，俗称"回门"。头回娘家是有讲究的，一般新娘在夫家住几天，必须在娘家也同样住几天。头回娘家转过，新娘再回娘家也就没有过多的礼俗约束了。

新婚之后，新的家庭已确立，婚俗也就结束了。

（资料整理　王福忠）

坐上席

陇南民俗，在宴席上，人们总要礼让老人、长辈和贵宾坐入上席，以示尊敬。

所谓上席，一般是指坐北向南的方位，也有以坐墙为上席的，也有以面对门口或者以送菜、斟酒者对面为上席。陇南民间，无论哪个方位，还有个以宴席方桌的桌面而定上席的习俗，那就是"横木为上"（因为过去民间没有圆桌）。

席原是一种铺在地上或床上的芦苇、竹子制品。没有发明椅凳之前，人类有过一段"席地而坐"的历史。席当今已是酒宴的代名词了。坐上席是一种礼节，是"为表敬意或表隆重而举行的仪式"（引自《辞海》）。儒家自孔子起就提倡礼治。《论语·宪问》要求人民"齐之以礼"。《荀子·修身篇》又说："故人无礼则不生，事无礼则不成，国无礼则不宁。"这种以坐上席表示尊敬的风俗，早在春秋战国时期就有了。那时候，人们以东向、南向为尊。例如信陵君窃符救赵，于赵有功。赵王引就西阶，以表示尊敬。信陵君谦让，以东阶上。这种居西向东为尊的礼制，从战国开始，经魏晋南北朝，直至唐朝，一直保留着。

陇南民间对坐上席很讲究，坐席的时候，上席的位子总是空着的，有宴会的总管根据宴席性质指名入座：如果是娶新媳妇或给老妇治丧，女方娘家的长辈是"老姑舅"，上席的位子非他莫属；如果给男子治丧，上席的位子就是宗族中长辈的；如果贺寿，上席的位子就是"老寿星"的；如果宴请贵宾，上席的位子就是贵宾的……敬酒时，先要给坐上席的人敬；吃菜时，也要坐上席的人先动筷子。总之，餐桌上的一切行动，必须以坐上席的人为先导。

这种坐上席的风俗，充分体现了劳动人民尊老敬老、尊敬客人的传统美德。不过，现在有了圆桌，已无上下之分了，但也要礼让长辈、客人首先入座。如果都是同辈之人，就不拘古礼，不分上下和先后，随到随坐，无拘无束，一团和气，使宴席气氛更加热烈欢快。

（资料整理　邓剑秋）

碰干大

以往，由于受落后的生产、生活方式的束缚，加上封建宿命观的支配，出生的婴儿除了受父母的疼爱呵护，不少子女稀少的爹妈，往往要给孩子另外请个"干大"，作为"长命百岁"的保护神，庇护孩儿茁壮成长。"碰干大"便是故道山乡村民寄托子嗣命运的风俗。

"碰干大"由来已久。为子女安全长寿，健康成长，凭命运冒碰干大，历来深受人们的钟爱。在孩子"满月"或"百岁"（一百天）之际。由婆姨姑嫂抱孩子出外去"碰干大"。事先给婴儿洁净手脸，穿上新衣，敬过祖先，抱上孩子冲向通街大路，以第一个碰见年龄相当的男子，最为理想。如来者尚未成年，也必"让一让二不让三"；到第三个人，务将孩子塞进过客怀里，并说："托你鸿福大命，携带我儿百岁平安。"过客也高高兴兴接过孩子说："我保娃一世平安，福寿双全。"随即将干大迎进门，茶酒招待，结为亲家。临行时，给干儿留赠些许钱物，以做馈礼。

也有不乐意为人做干大、干娘的。据说："一个干大半个天，替人挡风心背寒。"自己或儿或女要少成一个。虽有这样的评说，但当娇滴滴的婴儿捧在怀里，不由得欣喜若狂，不忍推托，慨然应承，永结亲缘。逢年过节，礼尚往来，那亲热劲儿，简直不在姑舅娘亲之下。

我见过红崖河两家碰干大：一个富户给儿子碰了个卖凉粉的干大，只给干儿子送了两碗凉粉和一只碗。在干大亏本转不过手时，这大户亲家给送了一石荞麦。第二家久生不成的人，给儿子碰了个女尼姑做干妈。这家给了尼姑两串钱的香火布施，尼姑干妈化了百家钱给干儿缝了一个锁命项圈。

碰干大，这古老的育儿习俗，迄今仍默默地流行在故道山乡。

（资料整理　龙宗尧）

上梁大吉

　　陇南民间修建新房，先要请风水先生看地基，再请阴阳先生择方位，等到良年利月，再择黄道吉日上大梁。

　　民间所说的"梁"，就是房屋正中的一根檩子。"上梁"是一件十分庄重的事情。吉时一到，张贴对联，鸣放鞭炮，有的甚至吹唢呐，在鼓乐声中众人像群星捧月一般，把一根正梁用绳子从两头系住，徐徐升起，横架在屋正中的柱子上面。这时候，木匠师傅持着手斧，敲三下，说几句吉利话，然后在正梁中间系一块斜角红布，像过去的穿的裹肚儿一样。红布里包着五色杂粮，有的人还要放点金子；红布外贴个"福"字；红布上边贴一副"上梁大吉"的横额。这叫"包仓"。包仓完毕，木匠师傅才喝"上梁酒"；主家送来一笼"上梁馍"，由高空的人接住，朝空乱扔，下边的人乱捉乱抢。传说这种馍吃了就能心灵手巧，能学到本事，而且百病不生，吉祥如意。然后，再由主家给木匠师傅端"利私"（钱）。最后再招待前来帮忙和贺喜的宾客。

　　陇南民间建房上梁，和娶新媳妇一样，是大喜事，亲友贺喜送礼，有时送对联。最普通的联语是："立玉柱天长地久，架金梁万古千秋。"

　　关于上梁时在正檩中间包斜角红布、贴"福"字的传统习俗，传说始自木匠祖师鲁班：春秋时期，鲁国有个瓦匠和木匠给人家建房，由于粗心大意，把正梁的木料截短了一尺。上梁时，两个人你拉过来，他扯过去，顾了东头，顾不了西头。这时候，来了一位白胡子师傅，站在下面问道："好好一根大梁，怎么上不去呢？"瓦匠和木匠急得心急如焚，便没好气地回答："问什么，有本事你来上。"白胡子师傅心眼好，就说："那就让我试试。"说罢，叫瓦匠和木匠把正梁放下来，白胡子师傅望了望，便拿起锯子，从正中一锯两截，架在柱子上，又把自己穿的红裹肚儿解下来，朝正梁中间一挂，再用口一吹，新上的大梁既看不出破绽，又显得喜气洋洋。

瓦匠和木匠看呆了。忙问："老师傅贵姓？"白胡子师傅说："我姓福。"说毕，人就不见了。大家觉得奇怪。有人说："福师傅就是鲁班，是祖师爷来点化我们的，叫我们往后做事不要粗心大意。"

自那以后，民间建房上正梁时，都用斜角红布"包仓"，贴"福"字，贴"上梁大吉"。

（资料整理　邓剑秋）

男嫁女娶

男嫁女娶婚事

在陕甘川地理版图上有块金三角,能寻觅到西秦岭甘肃东南部颇具风情的婚配形式,一种"男嫁女娶"的特别婚礼,便隐藏在长江上游嘉陵江流域的陇南市武都区、康县高山密林深处。

武都区的五马、裕河、枫相到康县阳坝,"男嫁女娶"婚配活动,已形成五阳路带的婚俗主流。最勾人的"男嫁女娶"新结彩门,孔雀女娶凤凰男场面热闹非凡,唢呐锣鼓迎嫁队令人称奇。这与沿袭久远的"留男不留女"

的"男娶女嫁"习俗，完全颠倒背对，且婚礼办得比以前更热闹。

有人告诉我：五马乡观音崖男嫁女娶至裕河庙坝大水沟的婚礼活动，估计举办的文化内涵更加深厚，原因是没有现代化的冲击，整个婚礼原汁原味。

正月十二日下午，我在裕河乡庙坝村大水沟社，参加了"女娶男嫁"于深山老林的特别婚俗。这是一个没有公路的山庄，我们到得女方家门前，只见七彩门高扎，红灯笼高挂。经介绍，主家闺女名叫李芳，妙龄20岁；所娶男郎名叫尹正奇，现年23岁，家住五马乡观音崖村店子河。经细看，木屋为巴蜀秦房汉瓦，七彩门东向的对联是：鸳鸯结队吉祥如意，凤凰成双百年好合；横批：张灯结彩。西向的对联是：女娶男嫁大水沟，男嫁女娶观音崖；横批：百年好合。

下午申时，一阵鞭炮声响起，迎亲者在前，送亲者在后，八抬大轿忽闪着新郎官的队伍到达。顿时，唢呐锣鼓奏乐迎嫁。新郎官坐花轿，送亲接亲人簇拥，客人们踊跃彩门前。司仪主持："礼炮鸣起，迎风接嫁。新郎官下轿，雅礼先生对台。"彩门前女方雅礼先生董福财揖礼："张灯结彩彩门前，迎接新郎福满山；彩门前备迎喜酒，千枝松柏结蒂莲。"敬罢首杯酒，又道："观音崖到大水沟，男嫁女娶牵红线；女娶男嫁成双对，夫妻和谐家生财。"

敬上第二杯酒道："黄道吉日结良缘，彩灯高挂兴家园；喜结新家百年好，富贵泉涌福禄来。"男方雅礼先生一行喝过酒，对台回礼："尹家君丁嫁谈家，子孙发达有荣华；夫妻相合百年好，人兴财旺勤持家。"回敬毕酒，又揖礼道："今日引来男配女，明年添丁家有财；尹谈两家力对接，成事立业振家门。"我瞅瞅新郎小伙，帅气十足，底气惊人；再瞧瞧新娘闺秀，温柔贤惠，丽气袭人。对台接亲至诚，婚礼司仪道："给新郎兄弟姊妹发喜钱，迎接新郎入彩门到中堂。"伴郎伴娘搀扶一对新人进中堂，司仪高呼："一拜天地，二拜宗堂，三拜父母，夫妻对拜。"又道："送新郎新娘入洞房。"

婚礼至此，人满扎堆，拜堂结束，中堂人散。司仪呼叫："宾客升位，席别安杯，锣鼓奏乐，茶酒招待。"我亦看出，十大碗上席期间，新郎新娘在伴郎伴娘陪同下敬酒，成为婚宴中的一道风景线。

晚间议程，抱子座谈，更名换姓，立书写约。这种习俗与中国现行的婚姻不同，男子被娶到女家之后，必须改换出嫁前的姓名。新郎不仅要改姓所嫁新家的姓，就连名也要由女方家重取。阐释核心是把男孩娶进屋，一个新姓名就此诞生，于女子接代传递延续香火。但是原身份证姓名不变，也不等于宣告原姓名要从此消失。我眼前的新郎名叫尹正奇，双方商议婚后的名字叫作谈德奇，爸妈还向新儿发了更名的红包。

第二天，婚礼主持司仪，继续施行职责。在早宴上，为两位媒人发跑路的钱、鞋，送茶、烟、酒答谢。一对新人和双方父老亲戚合影，照全家福相以示新家兴起。

婚礼完毕后，我细想夫从妻居的风行，不管婚俗与传说的太平军有关无关，它是不是中国母系社会以女人为中心的婚俗的沿袭和继承，现实是男子就婚于女家，即以女家主体定型，支撑门户，备受宠爱。这一种婚姻形式，男子与其入女家生活，被称作去当"招赘女婿""倒插门"截然不同。女娶男嫁为延续子嗣，所以夫改了女家姓。

就婚礼举办来讲，女方家隆重准备相当丰盛的宴席，有些还准备丰厚的彩礼，迎娶新郎的到来。男方家也会给"出嫁"的儿子准备陪嫁，若生两个孩子，可顶回一个姓。事实上这种婚姻形式很好，男人用不着贷款攒钱娶媳妇。同样，能起到减轻家庭负担，稳定社会的作用。

武都遗存的古纸婚约

经初步调研，女娶男嫁的婚配、成家、敬孝、传承的习俗，成为裕河人已唱响几百年的主旋律，连接至康县阳坝、武都区五马、洛塘、枫相等乡镇的百十个村社，兴家立业的文化影响约达六万人，给社会留下深刻的印象和难解之谜。

过去受邀参与过部分民间婚礼活动。有一副新婚夫妇门上的对联让我琢磨，左联"凤求凰百年好合"，右联"男嫁女万代传承"，横批"幸福安好"，让我考究了裕河人的婚俗形成，有了一些闲时走访后的朴素认知。

几年来，我利用工作间歇，遁入民间旧居，查找尘封乡土壁阁的史料，收集任由虫咬鼠啮、烟熏水渍的婚配契约文书。而我挖掘到的故纸婚约抱儿史料，可为其婚配因果佐证，让人私语和喧哗。可见，裕河方圆几十里的男女婚配关系，虽然不是千古绝唱，却同康县阳坝一样，都属于中国婚俗文化的进步范例。

婚约一，光绪八年抱子文约：

这是我收集到的光绪八年抱子文约，按公元纪年换算为 1882 年。一张文约定乾坤，一家两子挑一家两女，实属少见报道。文约上书有"立出抱子文约"，内容是"请媒证"，同时有"立门顶户"，女方向男方"出备猪酒一副"，男方家人给"二人每一人代陪嫁钱一拾捌千文"。参与立文约之人，有媒人和宗亲，其"抱子"的字意，交织纠结了全契约，意思相近于现在的结婚证婚，而将两男及两女的关系从此定格。

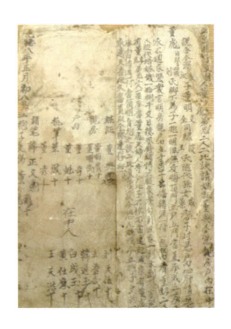

婚约二，光绪十五年抱子文约：

这是收集到的光绪十五年抱子文约，按公元纪年换算为1889年。上书有"立出抱子文约"，内容有"请媒证"以外，直接写有"将女招赘，膝下为儿""改名换姓""更名入籍"等条款。其中有互赠婚礼钱物，为老送终等要求。参与写约抱子活动的人员，有户内、有中人、执笔人，落款与以上文约大同小异。

婚约三，宣统二年抱子文约：

这是一张收集到的宣统二年的抱子文约，按公元纪年换算为1910年。其文约开头是"立出抱子文约人"，内容有"请媒证""脚下为子，当日对象言明""来是一人，去是一双"。这里说明，抱子后，女方如愿意去男方家，宁丢弃自己家也莫离异，而须跟随男方前往。尤为"改名换姓"立意深刻，要求严谨。落尾是"永远发达为照"。本文约与上两份文约相比，内容虽大同小异，但对抱子人要求苛刻，且对婚配更为宽松自由。

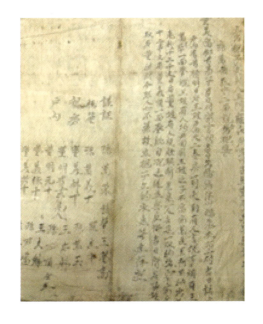

婚约四，民国十三年抱子文约：

这是一张收集到的民国十三年的
抱子文约，按公元纪年换算为 1924
年。其文约之前，开头是"书立抱
子文约人"，内容有"请媒证""孙
女招对更名"外。尤其"顶门立户、
承宗接祖""永远存照为据"，为
老送终，立意深刻，要求严谨。本文
约与上三份文约相比，内容虽大同小
异，但参与立契约抱子活动的人员，
结构组织更为宽泛。

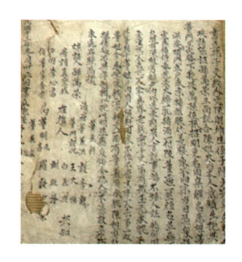

婚约五，民国三十三年抱子文约：

这是一张民国三十三年抱子文
约，按公元纪年换算为 1944 年。
虽然纸张发黄，但还没有完全破损。
上有"书立抱子文约"，内容有"请
媒证""将女招赘，掉名换姓，更
名入籍"和"顶户立门"等条款。
本文约与上四份相比，内容不比上
四份简单，但是参与抱子活动的人
员与前大变，有了村上的保长、甲
长等基层组织领导介入，合约更有
了法制性和行政性。

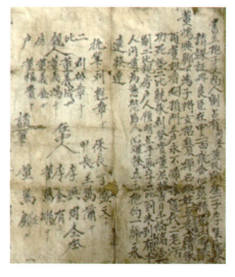

从以上五张陈旧的抱子文约中探寻，裕河人男到女家的婚俗文化已久，
按史料可推度到清朝时期的 1882 年。在我国古代社会，从西周时期的"六礼"
直至民国时期的民法，新中国成立后，我国 1950 年的《婚姻法》，婚约均
被纳入法律的范围。因此，婚约有着根深蒂固的社会基础，具有浓厚的历

史背景和发展的民事习惯。我选出的五份婚约，历史时间不同，但抱子婚姻现实已走向生儿育女、尊老爱幼和夫妻双方的相互忠诚。

裕河人的男到女家的婚俗是多年形成的婚姻文化，已引导了当地家庭的婚配人生。裕河人的传统婚俗文化传承，通过多年的发展变革，业已形成一套完整系统的体系。这个体系的派生光大，早已涉及本身家庭文化的方方面面，同时也反映了深层心理。如要批判地看问题，值得说明的文约势利不公平，在抱子人眼里，婚配仅仅是两个家庭之间的一种社会性缔约，婚姻的目的只停留于养老、传宗接代和祭祀祖先，约定中唯独与男女婚配当事人关联不紧。所以，对于婚姻的观念是重形式大于重内容，重社会性大于重夫妇的个体性。不过，今天的裕河人，对于婚姻的理解，毕竟追求的是夫妻个体幸福，更加孝敬老人，重内容大于重形式的传宗接代。

裕河人把抱子婚配的这一天叫"吃酒席"，也有人叫"过礼"或"过门"。男方送亲之人应邀赴宴，女方通知族门、乡党、亲戚扶老携幼，带礼品来坐吃抱儿"酒席"，以表示赞同庆贺。普通待客十多桌，多者竟达二十多桌。在1984年一次婚礼间，见到老者，不论男女缠头、束腰、绑腿，便问其生活习惯和抱子婚配根源。有位86岁的老人说，这与太平天国有关，是太平军战士当年便于作战的穿着遗风。"文化大革命"前，还有供奉"洪"姓画像的传统，只可惜后来全被销毁。至于抱子婚配问题，根据当地流传，太平军安庆保卫战失败后，扶王陈得才等人远征西北以牵制清军，征战陕、甘途中多次驻扎过陇南。部队后因战斗惨烈落败，其中一支人马逃至大山深处，以"嫁人"当地女方家的方式消失，谁也不承认是太平军人，而改姓换名得以隐藏生存。

因太平军将士被抱子成婚后，孝顺老人，家庭和睦，子女精明，后来十里八乡效仿。无论传说是真是假，紧邻的裕河乡边，恰好有一个"太平乡"，而早前隶属武都管辖。有人说，家园林密常有野兽出没，而当地特产多在山间，为了保护家人和财产安全，老人常为女子着想，从外地招揽男子顶立门户，以适应林间劳作采摘的生产生活需要。那么，男子从家中嫁出，就是不保护自己家园？看来这种说法不成立，只能说女儿留存家中听话，招个男儿更孝顺父母。

　　裕河人的家庭之权，女人操得一大半。因为男从女居，主持家政者，多为女人，男人多持外务。由于特定的经济基础和特殊的环境条件，真正有智慧的女人招男进家后，男子无论是社会地位或家庭地位都得到应有尊重，有大小事情还是男人拿主意。有的"二门俱开，两来两去"，婚后如生育两个子女，男女双方按姓氏各有一个，各顶起一家门户。另外，男到女家的婚姻，家庭结构不存在婆媳、姑嫂、妯娌关系，反而促进了夫妻的和气、家庭的和睦、社会的和谐，促使人们从生育"男儿是宝"到"生男生女都一样"的观念转变。自国家实行计划生育政策以来，裕河人的多数家庭不是因为一定要生个男孩而超生。其次，家中"娶"过女婿的老人认为，其积极的意义在于女儿细心周到，留下能更好地照料老人。而招个好女婿，一好变两好，即使这一婚姻形式得到乡土传承延续。

　　"嫁儿子"婚俗裕河独具一格，这与传统意义上的"倒插门"不同，

男的不向女方家要彩礼，成为婚俗中一道充满神秘色彩的风景。"男到女家，更名入籍"，每家户口簿上的户主都是女人，执行着"留女不留男"的传统。现虽然身份证不能改变，男孩嫁出去，不便改换女家给的新姓，但已成为女方族内成员，自然孩子也大多随同妻姓，由女子来传递香火，延续血脉之链。当然，儿子"嫁"出去后，并非不再管原父母，多采取"两处管业"模式，同样要承担双方老人、家业的照管之责。对此，当地男人也活得十分坦然，从不会女尊男卑，因此而觉得难为情，婚后夫妻二人均享有原家庭的财产分得权。不过，出嫁了的男子，每年大年三十要在女方家，大年初一后，才可以领上女人回娘家看望生身父母。信然，留女不留男的家庭模式，经过爱情婚姻的磨合滚爬，经生活实践与风雨传承洗刷，往往能咀嚼出合理的内涵，变成促进家中生产力提高的社会进步法宝。

君可知，其他区域为什么不产生"男到女家"的维系婚姻，而只有武都区和康县东南部地区，也就是现在的甘陕川交界地带，则将这种婚姻形式成为主流。经调研还有另一发现，武都的裕河、枫相和康县的阳坝一带，由于传承了"女娶男嫁"的婚配形式，从而避免了近亲结婚的概率，大大提高了人口质量。所以，"女娶男嫁"的"男到女家"婚配方式，值得传承和推广效法，让当地民众更好地拥抱"男嫁女娶"的幸福生活。

（资料整理　田茂琳）

传统节日风俗

　　大年初一　穿新衣、戴新帽，长辈带领子孙焚香化马，祭拜天地、祖宗。晚辈给长辈磕头送祝福，同时长辈赏小辈"压岁钱"。家家户户燃放鞭炮，增添喜庆氛围的同时也有除瘟驱邪的意思。初一早上，任何人都不打扫庭院，不倒垃圾。据说，水、土为"财气"，垃圾、粪便为"肥水"，扫地、倒垃圾唯恐把"财气"扫掉、倒走。从初一开始走亲访友带着礼品相互"拜年"。

　　大年初二　这天是"女婿日"，出嫁的女儿回娘家，要夫婿同行，所以俗称"迎婿日"。这一天，回娘家的女儿必须携带一些礼品和红包，分给娘家的小孩，并且在娘家吃午饭，但必须在晚饭前赶回婆家。

　　正月旧时兴"敬天神"，一般在院子里栽一株常绿树，贴上无色纸条，供奉天神牌位，焚香化纸。如今，农村部分人家在庭房门外柱子或墙壁上贴"天地君亲师之神位"（俗称"天爷"）的牌位纸条，焚香供奉。

　　送五穷　初五日谓之"破五""五穷日"，五穷指"智穷、学穷、文穷、命穷、交穷"。黎明之前，扫除各屋及院中的垃圾，按照皇历上标示的当日的"喜神方"送到村外的相应的河溪中倾倒，焚香化纸放爆竹，名曰"送五穷"，可破岁首之忌。唐代韩愈有《送穷文》，可见此俗流传之广也早。这一日，有的家庭忌讳走亲访友，相互拜年。

　　正月初九　俗称"祭天日"。所谓"天日"，民间称"天爷的生日"，即玉皇大帝的诞辰。这天，家家要供玉皇大帝的牌位，晚饭前要先给牌位供饭茶等，尔后全家才能共食。

正月十五 又称"上元节"，是天官大帝的诞辰日。是日，为祈天宫赐福，旧时民间多咏经持斋，不御劳酒。正月十五又谓之"元宵节"，俗称"灯节""玩灯日"。夜晚，家家灯火通明，悬灯放炮。村村皆酬神耍社火，娱神又娱人。十四日谓之"试灯"，本日谓之"正灯"，十六谓之"残灯"。此日人们时兴吃元宵，古有"元宵不禁夜"之说。

正月十六 有"游百病"的传说和传统习惯。这一天，吃过早饭，几乎是家家户户都大门挂锁，全家出动，到四处游走来消散百病。在过去，老年人爱去逛庙会，参禅拜佛，祈佑福祥；年轻人也多会去游艺活动。即便是老人，这一天也都不会待在家里，拄上拐杖去田地里转转。据说，经过正月十六这一游，没病没灾的会好上加好，更加健康；有病有灾的正好"遗"掉，逢凶化吉。

正月二十三 武都当地有一谚语"正月二十三，毛驴闲一天"，也就是这一天不事农活。相传，这天晚上要"跳干人"。在正月二十二就用黄白两种纸张剪成许多纸人，然后悬于门后，到了二十三的早晨，得给这些纸人"开光点眼"（用香头烫开纸人的眼睛和嘴巴），然后将"人"放在米面缸内或水缸边，让其吃饱喝足，晚上便将这些纸人放入火堆开始"跳干人"。另外，"跳干人"还有一种说法，那就是一年中的晦气会被熊熊火焰燎干净。因此，西北也将"跳干人"叫"燎疳"，认为一燎百了就会干干净净、百病不生。随着这一天的结束，乡村人的年算是真正过完了，就等着二月二龙抬头时下地干活啦。

二月二 俗称青龙节，传说是龙抬头的日子，它是我国农村的一个传统节日，民间呼之为"龙抬头"。俗话说："二月二，龙抬头，家家户户炒豌豆。"二月初二早上，家家时兴炒大小豌豆、黄豆、麦，或爆米花、玉米花等。据说，这样做可以避免庄稼受虫害。是日清晨，人们还有"打灰过节"的习俗。人们用背篓或粪笊等物，从家里炕灶里盛出草木灰敲打，撒在院舍周缘，并且口里要不停地念叨："二月二，龙抬头，壁虱虼蚤都抬头，一把打到灰火头。"这就是打灰过节。所谓"节"，其实是"劫"之演变，源于古俗禳灾。

古时，人们观察到苍龙星宿春天自东方夜空升起，秋天自西方落下，其出没周期和方位正与一年之中的农时周期相一致。春天农耕开始，苍龙星宿在东方夜空开始上升，露出明亮的龙首，夏天作物生长，苍龙星宿悬挂于南方夜空；秋天庄稼丰收，苍龙星宿也开始在西方坠落；冬天万物伏藏，苍龙星宿也隐藏于北方地平线以下。而每年的农历二月初二晚上，苍龙星宿开始从东方露头，角宿，代表龙角，开始从东方地平线上显现，大约一个钟头后，亢宿，即龙的咽喉，升至地平线以上，接近子夜时分，氐宿，即龙爪也出现了。这就是"龙抬头"的过程。之后，每天的"龙抬头"日期，均约提前一点，经过一个多月时间，整个"龙头"就"抬"起来了。后来，这天也被赋予多重含义和寄托，衍化成"龙抬头节""春龙节"了！

另外一说法：二月初二，龙抬头，相传二月初二是轩辕黄帝出生的日子。夏历二月初二，传说天上掌管降雨之神龙王抬头。意味今后雨水就会多了起来，有利于耕种。一种说法是龙王因思念失去的女儿，因此总是在农历二月初二这天从海底抬头出来，望着失去女儿的方向，以寄思念。

三月三　古时以三月第一个巳日为"上巳"，汉代定为节日。农历三月三也是通灵人士，如女巫、神汉等宴请鬼神的日子。在这一天通灵人士常聚在一起欢庆，并摆宴席宴请鬼神，以感谢他们赋予自己的神通能力。还有"曲水流觞"的活动，应属古老的上巳遗风。

古人用天地干支计时，巳为十二地支中的第六位，对应十二属相中的蛇。巳即蛇，巳日就是蛇日。蛇在每年农历九月进入冬眠，次年春二月复苏，三月开始出来活动，并寻偶交配。中国民间有"三月三，蛇出洞"或"三月三，蛇出山"的俗谚。因此，人们将三月三定为情人节很有可能是出于对蛇的崇拜而刻意模仿的。

清明　又叫踏青节，在仲春与暮春之交，也就是冬至后的第108天，是中国传统节日之一，也是最重要的祭祀节日之一，是祭祖和扫墓的日子。清明是二十四节气中的一个。这时候的天气已经渐渐变暖，地气升腾，杨柳返青，百草抽芽，空气清新，万物都显得洁净鲜明，所以谓之清明。陇南民间，这一天人们都要"具肴馔，诣坟墓，添冢圭，标纸钱于冢上，陈列肴馔酒焚楮而祭之"，名曰"祭扫"。同时，还有踏青、头上戴柳、坟头插柳的习俗。

四月八　是浴佛节，也可以说是佛诞日。前三日，居人多沐浴吃素、忌口，于这一天清早赶赴附近寺庙道观进香、添灯油，其心虔诚至极。是日，城乡男女进香者络绎不绝，寺观内外人山人海，门庭若市。是日，又称"儿女节"，一些缺儿少女的人家，或生育上不遂心的妇女，往往结伴前往寺院焚纸炷香、插花送帚，祈求儿女，寺院经管香头的人便在佛前（也可在送子娘娘塑像前）赐送荷包代表儿女。同时，一些得遂心愿的妇女，也于次日还愿送还荷包。正如民谣所云："四月里，四月八，娘娘庙里把花插，儿子女子送一个，来年再敬您活菩萨。"

端午节　端午从字面上还有"端五""重五""重午"等名称。"端"古汉语有开头、初始的意思，称"端五"也就如称"初五"。

吃粽子。"粽子香，香厨房。艾叶香，香满堂。桃枝插在大门上，出门一望麦儿黄。这儿端阳，那儿端阳，处处都端阳。"这是旧时流行甚广的一首描写过端午节的民谣。总体上说，各地人民过端午节的习俗大同小异，而端午节吃粽子，古往今来，中国各地都一样。

拔艾蒿。在农村，端午清晨采集带有晨露的艾蒿的习俗至今不衰。据说，一年之中以端午采来的艾蒿药效为佳。

绑"百索子"。古代人们崇拜五色，以五色为吉祥色。因而，端午清晨，各家大人在孩子手腕、脚腕、脖子上拴五色线。"百索子"不可任意折断或丢弃，只能在夏季一场大雨或第一次洗澡时，抛到河里。据说，戴五色线的儿童可以避开蛇蝎类毒虫的伤害；扔到河里，意味着让河水将瘟疫、疾病冲走，儿童由此可以保安康。五彩丝不是五彩缤纷的花色丝线，而是确定了的红、黄、蓝、白、黑五种颜色的丝线合并成的缕索。

烙"圈圈"馍馍。在以前，端午这天，妇女则烙制有各种花纹图案的"圈圈"馍馍，串亲访友。现在这一习俗逐渐被人们遗忘。

汉代人认为五月五日为恶月、恶日，有"不举五月子"之俗，即五月五日所生的婴儿无论是男或是女都不能抚养成人。一旦抚养则男害父、女害母。甚至出现了"五月到官至免不迁""五月盖屋令人头秃"等说法。当然，这完全是迷信的说法，现在随着科学技术的发达和普及，民间很少有人相信它了。

六月六　俗称"晒衣日""晒龙袍日"。"杨四菩萨诞辰"，指的亦是此日。这天，家家暴晒衣被和书籍等，俗称日后不生虫，可防虫咬。

六月六日，最怕阴雨。据说这天下雨，当年秋季会有水灾，牲畜、蔬菜也会受损。常言道："湿了龙袍，淋破蓑衣"；"六月六日阴，牛羊贵如金"；"六月六日雨，菜根遭虫蛀"。

六月六日出生的猫儿逼鼠。意思是这一天出生的猫儿最能捕捉老鼠。源自甘罗的传说。

六月二十四　俗称"雷神诞"。民间多食素食，屠户为之罢市。

七月七　每年农历七月七日汉族的传统节日七夕节，民间亦称乞巧日，是牛郎织女鹊桥相会的日子。七夕节习俗有穿针乞巧、喜蛛应巧、投针验巧、种生求子、供奉"磨喝乐"、拜织女、拜魁星、晒书、晒衣、贺牛生日、吃巧果等。

每年的农历七月七日是我们中华民族的传统节日——"七夕节"，汉族民间亦称"乞巧日"。由于牛郎织女的故事感天动地，现代人更把这一天当作"中国情侣节"。

汉代时，汉族民间便开始向织女乞巧了。不但祈求心灵手巧，还祈求得到财富、早日有美满甜蜜的婚姻和得子。宋代词人秦观的《鹊桥仙》是一首歌咏爱情的千古绝唱："纤云弄巧，飞星传恨，银汉迢迢暗度。金风玉露一相逢，便胜却人间无数。柔情似水，佳期如梦，忍顾鹊桥归路。两情若是久长时，又岂在朝朝暮暮。"

在《第一批国家级非物质文化遗产名录》中，七夕和春节、清明、端午、中秋、重阳并列为我国"六大"传统节日。位于甘肃南部的西和县，在2008年将乞巧成功申报非物质文化遗产，被称为中国乞巧之乡，西和乞巧风俗保存完整，在狂欢的7天8夜里有很多古老的习俗。

七月十五　为"荐拔节"，俗称"中元节"或"中元会"。据说此晚鬼魂都出来了，人们很少独自走动，假若碰上厉鬼，则一年不吉。是日，道观寺院多举办荐拔大会，服丧子女聚"代纸"，诵经到深夜，用以超度亡灵早日投生。此俗流传甚广，源自唐太宗梦游地狱，后来超拔恶鬼所遗。

这一天，民间又叫"鬼节"，过去有放河灯的习俗。

八月十五　这一天在秋季的正中，所以叫作"中秋节"，是流行于中国众多民族与东亚诸国中的传统文化节日。

根据史籍的记载，"中秋"一词最早出现在《周礼》一书中。到魏晋时，有"谕尚书镇牛渚，中秋夕与左右微服泛江"的记载。直到唐朝初年，中秋节才成为固定的节日。《唐书·太宗记》记载有"八月十五中秋节"。中秋节的盛行始于宋朝，至明清时，已与元旦齐名，成为我国的主要节日之一。

吃月饼，一是中秋节，人们仿效月亮的模样而做成的圆形糕饼，所以命名为"月饼"；二是与"月饼传信杀鞑靼"的事有关。故此，后来民间便有了将月饼作为礼品互赠的习俗。

重阳节　亦称"重九节""登高节""菊花节""老人节"。时在农历九月初九。"重阳"出于《易经》，取九为阳数，两九相重，两阳相重之意。九月九日，折茱萸以插头上，辟除恶气而御初寒。不少老人重阳节有外出登高、插茱萸、赏菊、饮菊花酒、吃重阳糕的习俗。

腊月八　时在农历十二月初八，是时，以煮腊八粥、吃腊八粥为主要内容。过去，人们五更汲水煮粥杂以五色菜，供早饭食用，称为"腊八粥"。后来，玉米的引进和广种，有的人家仍承袭喝腊八粥的习俗，但更多的人家则以撒饭代之，仍称之为"腊八粥"或"腊八饭"。据说，腊八这天是释迦牟尼得道成佛的日子，因此，腊八又有"得道节"之称。

给树喂粥。人们吃罢"腊八粥"，将剩余的分别"喂给"花果树枝或碌碡，俗以为来年花繁叶茂无虫害，碌碡可以多碾粮食。俗言说："种一斗，打一石。"这天清早，人们有到河床敲冰取冰的习俗，称为"腊疙瘩"。将冰放在粪土上，据说施到田里肯长庄稼又不生虫；将冰放在宅室中，据说能添福增寿；将冰放在果树下，据说果树来年无虫且茂……总之，放在任何地方，都象征吉祥，百益而无一害。

腊月八，民间有童谣唱道："腊月八，眼前花，还有二十二天过年家；有猪的，把猪杀；没猪的，打娃娃；大大牙牙（指父母）没打了，门后头挂下条猪尾巴，嗍上一口油辣辣。"人们说腊月是花月，是有一定道理的。

送灶节　腊月二十三送"灶王爷""上天言好事，下界降吉祥"。民间多供灶糖、灶饼或宰杀公鸡用来祭灶，并且还以杯水杂刍豆以秣灶马。送灶之后，便能除尘土。从这天起到除夕止，家家户户都要把衣物、家具、门窗、地面、墙壁及屋顶逐一打扫或擦拭干净，将坛坛罐罐洗刷通明。有农谚说："腊月二十三，动手洗衣衫；腊月二十五，扫房掸尘土；腊月二十七，里里外外洗一洗；腊月二十八，家具擦一擦；腊月二十九，脏土都搬走。"其寓意是把一切"穷鬼""霉气"统统扫地出门，干净整洁地辞旧迎新。

除夕　亦称"除夕夜""年三十""大年夜"。这一天是农历一年最后一天。除，是指旧岁至此而除的意思。"除夕"二字，最早见于东汉应劭《风俗通义》卷八"桃入荈荚、画虎""常以腊除夕饰桃人，垂荈荚、画虎于门，皆追效于前事，冀以御凶也"。其原意为驱邪求福。到晋时，才有分岁、守岁之俗。

这一天，再去尘土，重净门户，贴对联、门神、悬挂祖先神主，立灶王神位，门楣钉桃符，挂彩灯等，夜幕降临，则由家中当事男子，提灯笼至大门外，洒酒门间，祭天祀地，烧纸化马，焚香叩头，恭请灶王下凡入灶房、三代高曾祖及已亡长辈回家过年，享用血食供祭。夜里零点左右，家家放烟花、爆竹，节日气氛骤然变浓。一家人簇拥着老人吃年饭、喝年酒，守岁（俗称"消罪"）通宵达旦，是为通俗。

（资料整理　王福忠）

非遗传承人

非物质文化遗产是指各民族人民世代相承的以人为本的活态文化遗产，它强调的是以人为核心的技艺、经验、精神，其特点是活态流变。

尹维新

——武都高山戏国家级传承人

尹维新，男，汉族，1943年生于鱼龙上尹村，1962年毕业于武都师范，1963年在鱼龙镇上尹小学任教，1982年借调至鱼龙乡人民公社从事文化专干工作。

尹维新是武都高山戏第五代代表性传承人，是陇南武都最有影响的高山戏"戏母子"。在高山戏文化的传承与发展中，他承前启后、开拓创新，为高山戏文化的传承与发展做出了杰出的贡献。

1965年11月，武都县举行全县文艺会演，尹维新带领"武都县鱼龙上尹村高山戏业余剧团"演出了他创作、配乐、导演的高山戏《人老心红》《三宝参军》《大树底下》（《大树底下》由尹文绪编写）等剧目——这是高山戏进武都县城的首次演出。演出后，城乡人民反响强烈，《人老心红》获创作、表演优秀奖。会演结束，甘肃省社教工作团团长，甘肃省省委副书记王世泰让武都县把尹维新、石素珍、王正英、辛俊英、尹铎五人留下，请地区五一秦剧团导演李诺、武都一中教师樊庭祥就《人老心红》剧目的编、导、演进行了再加工。1966 年元月《人老心红》参加了武都地区首届民兵、农村戏曲调演，《人老心红》被评选为优秀节目。自此，高山戏这朵开放在高寒山区的戏曲艺术奇葩终于从大山沟走了出来，受到了社会各界人士的高度关注。

1974 年 8 月，武都县举行第二次全县农民业余文艺会演。"武都县鱼龙上尹村高山戏业余剧团"演出了由尹维新创作、配乐、导演的高山戏《夸队长》《卖余粮》《一担水》等剧目，《夸队长》《卖余粮》获好评。

高山戏的演出"脚本"是各地戏母子传承、编写的"故事"。演出时戏母子把这些"故事"给演员介绍出来，然后根据演员自身条件分配角色，农民演员即按基本程式即兴表演。这种原始的传承模式直到 1979 年随着尹维新编写的大型古典高山戏《老少换》的出现才被打破。《老少换》在区、省级刊物上的发表，预示着高山戏数百年传承中"无本演戏"的传承陋习已然消亡——具有里程碑的深远意义。

1986 年，尹维新创作、配乐并导演的高山戏《赶集》《更上一层楼》等高山戏剧目，参加了武都县举行的第三次文艺会演。《更上一层楼》获戏剧类文学作品创作、配乐、导演一等奖，演员冯林应、尹虎代、卯懂社、张佛宝等分别获表演奖。2005 年，尹维新编写、配乐、导演的传统高山戏《讨账》，现代高山戏《夜逃》（尹利宝配乐）积极配合了"武都高山戏"省级非物质文化遗产申报材料的摄影、录像工作。

2007 年，尹维新和尹利宝合作编写、配乐、导演的大型古典高山戏《刘四告状》和表演唱《夸生活》等为武都高山戏国家级非物质文化遗产的申报提供了丰富的文化资料，为申报的成功奠定了坚实的基础。

从 20 世纪 60 年代至今，尹维新除了自己创作了许多优秀的剧本外，经他移植、配乐、导演的高山戏剧目还有《梁秋燕》《白毛女》《红灯记》《沙家浜》《血泪仇》《穷人恨》《晓燕迎春》《一筐苹果》《审椅子》等。

尹维新不但创编剧本、导演节目，20 世纪 60 至 80 年代期间他还在高山戏的文化传承、舞美、唱腔设计、舞台表演等方面做了许多工作。具体表现在：一是自 20 世纪 60 年代始，尹维新培养了冯家小湾村的冯林应、张湾村的张佛宝、瓦房村的王称子等许多优秀演员——80 年代后这些演员都成了自村很有名望的戏母子。二是高山戏的民间演出自尹维新开始才有了真正意义上的剧本、曲谱、配乐与舞美的设计。三是经尹维新的不懈努力，高山戏的表演终于有了女人的参与，"女人不能演戏"陋习的摒弃使高山戏的演出质量上了一个新台阶。

（采录　尹利宝）

关 联
——武都紫泥市级传承人

关联，男，1944 年 10 月生于武都区城关镇。别署紫泥山人，琴石轩主。篆刻艺术家，武都紫泥文化研究专家。青年时期就对武都紫泥产生了浓厚的兴趣，在学习工作之余，研究武都紫泥文化，结合篆刻并付诸实践，日积月累形成了研究体系，20 世纪 90 年代在《甘肃日报》发表《篆刻艺术与武都紫泥》一文，引起了强烈的反响，开辟了本土人士研究武都紫泥文化的先河。

他的篆刻作品曾入选、入展西泠印社第六届篆刻展、西北五省联展和多次甘肃大展。《书法报》《甘肃日报》《甘肃书法报》等报刊发表篆刻作品百余方。值得一提的是，陕西文联主办的《风云人物》2000 年特刊《世纪书画人物风云榜》关联榜上有名，篆刻篇首页刊发了他的一组印章。

据史料记载，自秦汉以来，武都出产的紫泥就是选定为皇家文书专用的封泥，当代金石篆刻家邓散木在《篆刻学》一书中写道："据蔡邕独断谓：'皇帝六玺、玉螭虎纽'，皆以武都紫泥封之。"据《阶州志》载："武都紫水有泥，其色紫赤而粘贡之封玺，故诏诰有紫泥之美。"这些封泥上的印文，对明清以后的篆刻艺术产生了重大影响，关联亦受此浸染，他自撰自刻门联"紫泥凝金石神韵裕后，篆籀基翰墨文华延年"，表达自己对篆刻的情有独钟。

近40年来，他坚持每天至少刻一枚印章，日积月累，至今刻印上万方。他曾多次赴北京、西安、杭州求教，其间聆听了刘江、陈振濂、金鉴才、童衍方、孙慰祖等大家教授，荣幸地得到西泠印社执行社长、中国美院教授刘江先生指点鼓励，并在他的印存集稿封面欣然题签。他还结识了像绍兴篆刻家陈巍等许多年轻印友，时常交流作品，与时俱进得以提高。

多年来，关联潜心篆刻艺术的创作和研究，带徒授艺传承和宣传武都紫泥文化，为武都紫泥文化推广和传承，做出了非凡的贡献。

（采录　王福忠）

赵文华

——武都民间艺术传承人

赵文华（1926—2010），回族，武都籍人，中专文化程度，中国民主同盟盟员。他工于剪纸、绘画、扎制彩灯、刺绣、雕塑工艺，尤以剪纸、工笔花鸟画、秦腔表演艺术殊见佳妙，而蜚声艺坛，是一位德高望重，浑身是艺，享有盛誉的群众艺术活动家和导师。20世纪80年代初期，以其卓越的艺术成就而被接纳为中国美术家协会甘肃分会会员、中国科学技术协会工艺美术学会会员、中国剪纸研究会会员。2000年12月25日陇南地委，行署授予赵文华同志"德艺双馨"艺术家称号，并颁发了荣誉证书。

赵文华先生心灵手巧，年仅九岁即着迷邻居纪大妈的剪纸技艺，纪大妈手把手地教他学剪鸡、狗、蝴蝶、石榴、牡丹的技艺。他从艺五十余年，刀笔不辍，其窗花剪纸，机杼自出、独辟蹊径，造诣成就倾注其心血功力，卓然大家，独树一帜。这也是他酷爱民间窗花剪纸艺术，在不断挖掘、采集、借鉴兼收并蓄各类不同风格的剪纸作品的基础上，辛勤实践、大胆创新、博采众长、厚积薄发，才不断创造出清新隽永、栩栩如生、情趣盎然的剪纸作品。他的剪纸作品《喜鹊闹梅》《草原巡医》《丹凤朝阳》《丝路花雨》中反弹琵琶的英娘，憨态可掬的《熊猫》，既带有民族民间的浓郁乡土色彩，又合于现代群众审美情趣的需求，往往构思奇巧，佳作频频，使人耳目一新，其艺术风格能借助夸张的手法删繁就简，使构图造型粗犷、奔放传神，也有纤巧秀美、手法细腻、精雕细刻、雅俗共赏的剪纸作品。他创作的千余件风格迥异、内容丰富的剪纸，使古老的民间艺术在传承中得到发扬光大，推陈出新。20世纪50年代初，他的剪纸作品就曾荣获全省创作三等奖，在省级以上展出和报刊曾发表100多件作品，提高了陇南在全省乃至全国在剪纸艺术上的知名度，为家乡赢得了声誉。

　　1986年，他的八套100多件剪纸作品在北京民族文化宫以"甘肃省民族民间窗花展览"展出后，其中，两套约40件被民族文化宫收藏、中国民间美术博物馆收藏62件，其中一幅《染色花篮》因独具特色，又被选中参加了全国剪纸展览。在京参展期间，他的牡丹、玉兰、菊花、梅花等剪纸作品深受观众、美术专家及日本、美国、阿尔巴尼亚等国际友人的好评，

而啧啧叹美，他当即现场表演剪纸技艺，慷慨赠送出20套约200件剪纸作品。

载誉归来，武都县文化馆为展示赵文华同志剪纸艺术风貌，于1987年元旦，特为他举办了首次个人剪纸作品展，参展的36幅作品中有工艺精湛的窗形窗花15幅，团花10幅等，形式上又有把窗花剪纸移置到画轴上作屏对观赏，也不失为他的一个创新。参观者络绎不绝，交口称赞，留言簿上知名音美教育家李士熙同志题"浑身是艺"，地方著儒樊执敬赋《西江月·参观赵文华剪纸》题词：

"启迪心源灵府，攀登艺苑高峰，造型构想透玲珑，承继先民传统；不是一花独秀，居然万紫千红，浑疑刀剪出天工，应有后生接踵。"

赵文华先生自幼酷爱绘事丹青，少年时期即受武都著名书画家樊执敬、张梓舫启蒙指教，以写意花鸟画入手，亦潜心临摹前人作品。1946年他画的《蝴蝶图》《牡丹》《仕女图》《荷花》《燕子桃花》等条屏入选，参加了武都县美术展览，绘画才艺已崭露头角。

新中国成立后，从业文化馆专业群众文艺工作，尤蒙结缘韩天眷、蔡鹤汀国画大师，受其悉心指点教诲，较完整地学习掌握了中国画理论体系。在学习写意花鸟的基础上，又倾力工笔花鸟的学习创作，后得力于西法写生，花鸟画工而兼逸，工丽妍雅，别成佳构。他刻苦力学，孜孜以求，在继承与创新相结合的基础上，师法造化，常以家乡景物入画，在写生、立意、构图、设色、用墨用彩方面积累了丰富的经验。每临创作，先生驰神运思，下笔前凝想成竹在胸，思想感情融入对象，设色、构图新颖，时用枯笔焦墨、

或浓墨重彩、或淡色粉彩、敷色鲜嫩而迁想妙得，作品空灵明秀。他成长于秀润如江南的江城武都，多识鸟兽草木之名，而律历四时，寒暑易节，亦记草木荣枯之候，绘事之妙多寓兴于胸手，虫鱼、鸟兽形态悉谙于心胸，举笔写之，形神毕肖。

他笔下的蝴蝶、猫、孔雀、麻雀、牡丹、梅花、水仙惟妙惟肖，生机勃发，生动传神，真乃"物人两化韵香清"。写牡丹疏花细蕊，富丽绚烂，风姿翩翩，气韵生动。刘可通感悟赵文华先生情托牡丹赠诗两首：笔运蜂飞蝶舞狂，姚黄魏紫散馨香。胭脂饱蘸抒情志，传世丹青颂小康。胭脂晕染蕊勾黄，国色天香惹蝶狂。情托牡丹歌盛世，缘由相感历寒霜。

1959 年，他的国画《凤戏牡丹》《花鸟》图，入选甘肃美展。1962 年，他的工笔花鸟画《牡丹绶带》《松鹤图》在全省美展中荣获二等奖，他的工笔《玉兰绶带》，写意画《锦鸡牵牛》《牡丹蝴蝶》《猫和月季》等佳作每常入选甘肃画展，他赠来陇南工作的加拿大林业专家的国画作品颇受友人青睐。

赵文华先生早年即倾心秦腔表演艺术，15 岁即登台表演，受到人民群众的喜爱。青年时期，供职武都专区文工团，他勤学苦练，锲而不舍，寒暑不易，钻研旦角表演艺术，由于天资灵敏，并能兼收他人长处，心领神会，化为己有，一时技艺猛进。经他扮演的女性人物含情脉脉，风姿绰约，更富魅力。在《拾玉镯》《女起解》《杀狗》《卖酒》《打金枝》《三娘教子》等戏剧中塑造的闺阁花旦旦角，誉满江城。群众有言"能今晚上不纺线，也要看赵文华唱旦"。县委领导郭一平书记誉文华为"武都的梅兰芳"。他扮相俊美，音域宽、音量足、音色美、唱腔甜润饱满、道白舒缓跌宕有致，极富感情，他金莲碎步，步态轻盈，舒展大度，身、眼、法、步协调优美，一招一式、一丝不苟，演进层次，脉络清晰，入情入理，能较好地把握旦角人物戏剧形象，展示人物性格特征，细腻柔和，创造出自己独特的舞台艺术风格，令人心醉。他勤俭无嗜好，积累了丰富的舞台经验，素情自处，为人随和，戏德高尚，他尊重群众，不误每场演出。为不负群众厚望，他曾步行120余里，赶到演出现场登台上演原定剧目。深受同行、戏剧爱好者的敬重。

赵文华先生不独自己长于秦腔表演艺术，还醉心于眉户剧的演唱。他把原本源于陕西的地方剧种眉户戏曲调，移植到武都，融合地方韵味，使浑然一体，唱腔极富武都特有的演唱风格。他编排上演的《李彦贵卖水》《王大娘钉缸》《张连卖布》《小放牛》《亚仙刺目》声情并茂，颇得好评。

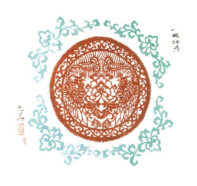

赵文华先生提及旧戏的道具、服饰、乐器、唱腔唱段，及地方锣鼓杂戏，秧歌剧、道情戏、木偶戏、皮影戏无不乐道。他酷爱戏曲艺术与喜好之情，常溢于言表。他认为戏曲是民族文化的瑰宝，他代表了一个时代的文化水准和经济层次，戏曲文化广泛植根于民众，充分反映了群众对文化生活的渴求，应提倡把戏剧与考古学、民俗学、宗教学等学科一并考察，从人类文化学的角度，对地方戏曲繁荣演变做立体研究。多年来，他身体力行，为传统文化研究事业，默默奉献的执着精神，值得称道。

他以拯救地方戏剧文化为己任，于1951年，即重视对武都特有的"高山戏"的挖掘，他亲临《高山戏》底蕴深厚、遗存比较丰富的武都鱼龙乡的杨坝、隆兴乡的叶坝村进行唱腔、唱段的整理、采编，并选出六名艺人进行专门排练，首次在兰上演了《咸阳讨账》，其对高山戏的推出，当功不可没。

热爱戏曲艺术的文华先生，还曾对活跃在武都洛塘片的造型精美，风趣宜人的木偶戏及康县平洛一带的皮影戏，实地考察、整理脚本，收集藏品、设计服饰道具。1956 年率团参加全省文艺调演，他配合木偶戏表演者，演唱了《放饭》《断桥》《王大娘钉缸》，配合皮影戏表演唱了《猪八戒招亲》。展现了独特的魅力和风格。

他还能把调查收集来的民间群众文艺表演形式经加工整理创造性地提高完善后，赋予新的内容和形式，搬上舞台，转化为新的文艺成果。古为今用，创造出缤纷灿烂的民间文化。

流传在陇南山区的"羊皮鼓舞"是历史悠久、形式完整的一种自娱性的祭祀鬼神、祈祷丰收，以求吉祥的祭祀舞。1957 年赵文华先生就"羊皮鼓舞"深入农村做了调查，挖掘整理，重新编排命名为"扇鼓舞"。经其和文艺界同道的支持下，参与社火演出，大放光彩。"扇鼓舞"以其浓郁的民族风格和独特的艺术表现手法，以粗犷苍劲有力的舞姿表现了陇南劳动人民刚毅豪放的性格。"摆坛""耸肩打鼓""刷腰快击鼓"，以强有力的大幅度摆动、上下左右反转，富有技巧，快速击打鼓面的舞姿，反映出陇南人豪迈的性格气质。

在挖掘"扇鼓舞"的同时，他又对社火演唱中的"花灯舞"（掌灯舞）进行新的改造编排。这种一手持扇，一手持"花灯"，分列高跷队伍两边，踏着高跷演员行走的舞步节奏，在行进中边扭边唱的民间歌舞艺术，经他指点，舞姿更加优美，与喧天锣鼓及高跷演员配合默契，外在的韵律美、造型变化更显生动活泼。"花灯"之造型又出于赵文华先生精工巧手，造型美观，五彩生辉，群众极喜闻乐见。1957 年，全省民族民间舞蹈调演中"花灯舞"同"扇鼓舞"一举荣获二等文艺奖。

赵文华先生多才多艺，他取意民间，师法造化，经他创作的工艺品如根雕、风筝、荷包刺绣、各式仕女彩灯、宫灯、戏剧人物脸谱，每能别具一格。经他扎绣出的荷包牡丹、"五子夺魁"、"老虎"、"佛手"、"葡萄"、"石榴"等和经缠花刺绣的粽子，色彩绚丽和谐，形神兼备，很是精到。他努力学习民间艺术对神庙和对不同信仰的宗教艺术，刻绘雕饰工艺又极精湛，他为武都名胜朝阳洞雕饰的睡佛造像极为传神。为坪垭藏民族喇嘛庙以三年精力所绘的壁画、彩绘图饰，为藏民族所宝。他为伊斯兰本民族清真寺匾额的雕刻彩绘，尤为人称道，他的力作为地方清真寺留下了一份非常宝贵的艺术珍品，而熠熠生辉。赵文华先生倾心传统文化事业继承，创新和奉献为拯救民族文化，在继承发扬民族文化的可持续发展中，溶进自己毕生的心血。他的开拓创新，求实进取，搞群众文艺工作长期下乡辅导文艺活动，足迹踏遍武都山区各乡村镇，为繁荣地方民族文化持续作出了应有的奉献，他的教授、传唱使民族文化的瑰宝继承相传，他热爱民间艺术，愿民间艺术

的奇葩，以独特的优势服务社会，永放光彩。这也是文华老人执着追求艺术魅力之源，艺术生命长青。他技艺一身，是人民的艺术家，时人有诗赞他"牡丹工笔兼神形，剪纸刻雕术业精。莲步登台拾玉镯，浑身是艺岂高评？"

（刘可通／文）

尹利宝

——武都高山戏代表性传承人

尹利宝，男，汉族，系高山戏第五代代表性传承人。师承其父尹维新，7岁学习高山戏唱腔，13岁学习伴奏，19岁从事戏剧理论研究与剧本创作至今。多年的积累与学习成就了他不凡的成绩，今天，已被当地民间艺人赞誉为"高山戏多面手""最有实力的青年戏母子"。

高山戏文化传承的践行者

"戏母子"是武都的民间艺人对高山戏编剧、导演的尊称。国家级传承人尹维新是老牌师范生，他为高山戏走出高山地区，走进城镇，走向全国起到了至关重要的作用。在父亲严格的教育下，尹利宝始终对高山戏怀着一颗赤子之心，他爱学习，勤思考善钻研，除了跟随其父、族人学习外，师范就读期间，还师从著名音乐教育家李士熙教授学习了理论作曲，师从王荣生先生学习了二胡演奏，多年的文化积累为他今后的创作道路奠定了坚实的基础。

尹利宝自己硕果累累，不断完善提高自己的同时，他还不忘培养高山戏文化的追随者、后继者，近 20 年以来，他带领高山戏业余演出队赴甘泉、鱼龙、隆兴、佛崖等地演出高山戏 130 余场次，培养高山戏传承人尹羊锐、袁金凯、付田宝 60 余人。

高山戏戏曲理论研究的先行者

1999 年，尹利宝在其五叔尹平来（高山戏把式舞"头把式"）的指导下全面掌握了高山戏把式舞"凤凰三点头"的所有动作要领；1995—2005 年，利用暑寒假走访了鱼龙最有影响的戏母子张湾村的张义发，杨坝村的杨守基，隆兴镇王小云、秦竹叶共 30 多人。抢救性挖掘、整理高山戏原生态唱腔曲牌 100 余支，流传的演出故事 30 余个。天道而酬勤，厚积而薄发，多年的拜师求学，钻研创新让尹利宝全面了解了高山戏在各地的传承发展情况，2006 年处女作《高山戏起源质疑与新解》获"甘肃省戏剧理论论文暨第二届艺术科学论文评奖"一等奖；2007 年，他告别讲台以传承人身份借调至区文化局，成功撰写了高山戏省级、国家级的申遗文本。2012 年 9 月，中国戏剧出版社出版的尹利宝专著《高山戏》被誉为"高山戏文化发展史上的开山之作"；2018 年 7 月，中国文联出版社出版了尹利宝专著《武都高山戏》《高山戏剧目选》涉及他参与编撰的杨鸣键《高山戏音乐》《尹维新作品选》套书。自此，高山戏理论研究取得了新的高度。

高山戏文化传承弘扬的贡献者

自 2006 年以来尹利宝研究成果频出：撰写的《武都高山戏现状分析与发展之思考》在《甘肃文苑》发表后得到了相关领导的高度重视，被确定为"甘肃省知识产权战略研究课题"；2008 年，编写的《特殊党费》、《夜逃》（与尹维新合作）、《齐上阵》高山戏剧目在"全省小戏小品剧本评奖"

中分别荣获一、二、三等奖；2013年5月，尹利宝被甘肃省文化厅表彰为"全省非遗先进个人"；2015年9月，尹利宝撰写的《中国戏曲研究的活化石——武都高山戏》一文在《中国艺术报》发表；2017年2月9日，《人民日报》刊登了《古朴唱腔，叫醒高山春天》的文章，文章记述了第五代传承人尹利宝与其父辈、家族传承人艰难传承文化遗存的动人故事；2018年，因尹利宝在高山戏领域与武都其他省市区级非遗项目的突出贡献，而被评为"全国非遗先进工作者"。同年，创作的大型历史高山戏《米仓魂》被中国文联确立为"中国艺术基金"项目，中国文联拨款300万元，由甘肃省陇剧院排演，2019年4月17—19日陇南礼堂上演的《米仓魂》受到了专家、群众与民间艺人们的一致好评；2020年11月，尹利宝参与文本创作与作曲的高山戏《钉缸》赴江苏省昆山市成功参加了全国百戏盛典。

　　路漫漫其修远兮，尹利宝在传承人培训班上说"戏曲艺术博大精深，学习——我们一直在路上；高山戏还是一个正在成长的小娃，关心呵护她我们一直在心上"。

（采录　王福忠）

尹成奋

——三仓灯戏省级传承人

尹成奋（1938年8月—2020年2月），男，汉族，甘肃省陇南市武都区三仓镇坪头村楚家坝人。三仓灯戏的第五代传承人，1947年开始学戏，1949年登台演出。

自幼爱戏，在1950年至1956年，在这7年所演的角色都是小配角，在《王文俊敬寿》剧目中扮演站马童；《周子贵借妻》剧目中扮演张果老之子，张娃子；《月门楼》中扮演衙役。在1958年至1971年的4年中，停止了一切演出和发展。

1972年开始，生活水平慢慢好起来了，又小打小闹，随便搭了个舞台又开始演出，当时演出的剧目有老剧本，再有几个小剧本《开财门》《送寿廷》等，一直演到1981年春节。1982年邀请尹仲发老师到家，一切的开支由尹成奋承担，为楚家坝花灯会写对子、牌匾、账房、幕帐，那时的灯戏最受大家的欢迎，演得最好，观众也多，每年的正月初十到十六，每天的观众不少于1000人，在这几年中尹成奋发动当地知名人士募捐人民币1000多元，还有当时村上的仓库变卖了1300元整。

在大家执意要分了这钱的情况下，尹成奋坚持扭住不分，要用这些钱买戏衣。1984年的冬天，尹成奋与尹德文去成都买了戏衣，到现在一直在用。

1987年洛塘区委号召全区会演，三仓灯戏也不例外，奔赴洛塘参演。演出中尹成奋在《考文》剧目中扮演丁，《梅香算卦》中扮演赛孔明，《马成宪讨妻》中扮演马成宪等。白天演《梅香算卦》观众很多，笑声不断，晚上在洛塘电影院上演《考文》那真是掌声不断，笑声不息，他也得了个人奖励。

后来，尹成奋起早贪黑，不分昼夜，无论天晴下雨，一个人坚持整理剧本，经过不断挖掘和细致推敲，在2020年7月底，完成了前50年演过的老剧目4本，分别是《周子贵借妻》《富梨接妹》《月门楼》《火轮帕》。

尹成奋以演丑出名，尤以生、净角著称，声音高亢嘹亮，粗犷豪放，扮演细腻传神，滑稽幽默，栩栩如生，特色鲜明，观众评价比较高。多年的艺术积累与文化沉淀使尹成奋已成为三仓灯戏"戏母子"，也是当地年龄最大的传承人之一，掌握着许多三仓灯戏的唱腔、曲牌和程式，了解熟记的剧目故事不胜枚举。

（采录　尹利宝）

尹社宝

——高山戏省级传承人

我叫尹社宝，男，汉族，1957年8月出生于甘肃省陇南市武都区鱼龙镇上尹家行政村。自己的家乡是一个文化底蕴深厚之村，更是国家级非物质文化遗产保护项目武都高山戏的主要发源地，从古到今村上逢年过节都在演唱高山戏。所以我从七岁起，在父母的指导下，就开始学唱高山戏，渐渐爱上了高山戏，便拜国家级传承人尹维新为师。在他的培育下勤学苦练，不但会演会唱，而且还学会了识谱、记谱并谱曲，同时学了二胡、大筒子演奏，熟练地掌握了原生态高山戏的演出程式和传统的唱腔曲牌，现保存古老的高山戏领奏乐器大筒子一把。

上尹家村自1976年在尹维新老师的带领下，成立了陇南市武都区鱼龙镇上尹高山戏业余剧团，我现在该剧团担任剧务团长兼副导演。

2008年武都高山戏申报国家级非物质文化遗产保护项目的申报视频资料上我担任了主演角色，并申报成功。

2014年被武都区非遗中心主任尹利宝带到甘肃省电视台演播厅，对武都高山戏原生态表演进行录制，多次配合甘肃省电视台来上尹村录制和拍摄。

2015年11月被武都区非遗保护中心申报为国家级非物质文化遗产保护项目武都高山戏的省级传承人，多年来在非遗中心的正确领导下，参加市、区文旅局和非遗中心举办的各项公益性文艺演出，每年送戏进乡村十余场次，得到了各级领导和广大观众的一致好评。并多次配合中国文联、省、市、区有关部门对非物质文化遗产保护项目武都高山戏的调查、研究，当面表演并且详细介绍，为武都高山戏做了大量的宣传活动。

2020年3月被武都区委宣传部评为优秀文艺人才、2020年6月被陇南市文化广电和旅游局评为陇南市民间艺术家荣誉称号、2020年11月被武都区非遗中心评为优秀省级传承人，一同颁发了荣誉证书。

本人所在的上尹高山戏业余剧团在区政府举办的2021年"庆元旦、迎新春"群众文艺展演大赛中荣获第一名。

作为一个省级传承人，带徒十余人，主要传授原生态高山戏的旦角表演、把式舞步表演及现代高山戏演唱技巧，发扬武都高山戏，挖掘武都高山戏文化，搜集整理高山戏传统曲牌，继续创作一些群众喜闻乐见的高山戏剧目，表演唱曲，排好演好高山戏，培养更多的高山戏传承人，组织发展好上尹高山戏业余剧团的各项活动，为武都高山戏作出更大贡献。

（采录 秦 锐）

王和平

——武都木雕省级传承人

　　王和平，男，汉族，生于1966年，武都区鱼龙镇王沟村人。省级非物质文化遗产"武都木雕"代表性传承人，陇南市民间工艺美术大师、武都区民间文艺家协会会员。自幼爱好书画等文化艺术，1990年之后学习木雕，师从民间雕刻老艺人王建齐学习传统木工雕花技艺，后又随民间雕刻艺人王国喜老人学习雕刻。在从事雕刻几十年里，创作了数百件木雕作品，多件作品已被各界人士购买收藏。

　　师父王建齐、王国喜老人的木雕作品极具明清遗风、古朴典雅的雕花，至今传世作品已成为人们珍藏的传世之作。为了传承老一辈的雕刻技能，发扬光大，曾去浙江、四川等地开拓视野，走访名师，每到之处，为那些古代建筑遗迹雕梁画栋、玲珑剔透的雕刻艺术感染。那些名师高大的人物塑造让王和平流连忘返，久久不能忘怀。回家后，王和平暗自下决心一定要搞出一片自己发展雕刻的场地。就在雕刻期间，发现武都境内盛产小叶黄杨，因此而对黄杨木雕刻情有独钟，黄杨木生长缓慢，木质坚硬，纹理细腻，颜色黄亮，作品经打磨抛光后，黄里透红，色泽光亮耀眼，民间有着"木中象牙"之美称。成为木雕材料之上品。

20世纪90年代，王和平曾带上妻子去离家几十里的地方，跋山涉水，采挖黄杨木。回家后精心设计、审材雕刻，从而创作数件黄杨木作品，如"济公""牧童骑牛""耕""观音"等作品，有很多农民生活的劳动场景和民俗文化方面的体裁。这些作品深受人们的好评，多件作品已被爱好者收藏。

近年来，王和平一直置身于个体专业木雕工作，在武都区汉王镇仓园开办了万象雕刻作坊，其间成立了陇南市玉骄木石雕刻艺术有限公司，从业人员5人，主要创作生产各种木雕摆件及石雕摆件，把木雕产品推向市场，发扬光大。在区文广旅游局和区非遗中心的关怀与支持下，又在武都区万象洞接待中心、万象洞文创园开设了王氏雕刻艺术工作室。

几十年的辛勤耕耘，创作了数百件人们喜闻乐见的木雕艺术作品，其中大型作品"哪吒闹海""百鸟朝凤""主席去安源"为代表作品，这些作品均已被爱好人士收藏。黄杨木雕"济公""飞天""秋山玩猴""茶马古道""武都高山戏"人物雕刻均受当地群众喜爱。作品多次参加省地县各种文化活动交流展、网络评比展、陇南电视台文化视野频道专题报道。

为了更进一步地把武都木雕传承发展下去，前后授徒七人。学徒以王玉娇、张玉德、赵龙等人更为出色，他们的木雕作品表现为刀法细腻、圆润、淋漓尽致，黄杨木"孔雀戏牡丹""白菜"等作品已被各界人士收藏。

在遵循传统木雕的基础上，进一步开拓创新，把武都木雕推向一个新的台阶，在创作素材上，以民间人们的劳作形象为主，表现他们朴实、勤劳的劳动生活场面，以及农作物田园瓜果类、高山戏人物、红色文化系列的黄杨木作品。为了创作黄杨木雕"高山戏"人物，王和平曾多次拜访武都高山戏国家级传承人尹维新老人进行学习交流，讨论有关高山戏人物的构思，为创作更多高山戏人物提供更多有价值的素材。

武都区属陇蜀文化要道，有着茶马古道、丝绸之路、红军长征的历史遗迹，这些都成为他创作的素材，因而把武都木雕发展为有一定社会价值、经济价值、历史价值的民间艺术。

（采录　王福忠）

张守学

——武都木雕省级传承人

我于 1957 年 9 月生于甘肃省武都县两水公社一个小山村，即后来的蒲池乡杨沟村。父母亲都是很实在的农民，在那个靠天吃饭的年景，以辛苦求得温饱而自足。为了让我将来变得有出息，父母在我 9 岁那年送我到本村民办小学读书。五年后，我顺利从杨沟小学毕业，当时实行春季招生，我于 1972 年 3 月考到蒲池中心小学附属初中读书。考入两水中学高中部后赶上"批林批孔"运动，我看在学校也学不到实际东西，读完高一后便返回家里帮大人干活。虽说学校里没学多少文化知识，但也算奠定了我的文化基础。

我的家乡蒲池地处礼县、宕昌、武都三县接连地带，在池坝、马营、汉林、两水、角弓、坪垭、新寨七个乡镇的环围之中，地域文化多元，总的来说以佛教文化和道教文化为主流。在我小的时候，常被各类民间宗教活动吸引，那时也是我们唯一的娱乐活动，所以印象尤为深刻。也许是天性使然吧，对古建筑不同于民居的独特造型、神佛庄严迷人的姿态、雕刻精美的花草、色彩斑斓的壁画，凡此种种都引我流连忘返。虽说上学期间革命文艺课绘画机会不多，但我因为喜爱画画而每有出众表现。脱离学校回家务农的间隙，我仍偷闲描摹家乡的山水花鸟，没有老师的指导，只满足于人们夸赞"画的像得很"。

1976 年粉碎"四人帮"后，父亲判断社会将会变好，希望我趁年轻学一门生活的技能，鉴于我的兴趣爱好，托人让我拜蒲池公社麻湾村民间艺人龙启云为师学习木活。师父龙包柱祖上为龙家沟人，因龙姓家族庞大，子孙繁衍，后迁居麻家湾。他师从石门公社草坝子著名民间艺人李师，是附近几个公社有名的匠人，无论民间房屋立柱起架、完结装饰和家具制作，还是寺庙古建构造、塑像彩绘都堪称一流。他主持和参与过汉林杜家山观音殿、两水前村隆化寺（前村小学）、马营野牛寺、唐坪敖山庙等多处古建的修缮和新建。至于众多村庄的道观寺庙，多由师父一人完成古建修造、塑像和彩绘。

我起初跟师父学习古建筑营造，从最基本的刨、挖、凿做起，人们常说"老阴阳少木匠"，意思是说阴阳学家越老知识积淀越深厚，而木匠更多的是力气活，越年轻越好。我有的是力气，干活勤快，出活漂亮，师父也很喜欢我。再后来把门面花草、人物雕刻的活交给我做，这很合我的心思，有我以前画画的基础，对原有图案底样的不足能在雕刻过程中加以弥补，造型符合法度，夸张突出特点，刀工到位，打磨细腻，栩栩如生。这时间常做的题材为"明八仙""暗八仙""文房四宝""松鹤鹿""梅兰竹菊"，还有一些道教、佛教人物故事的图案。虽然大家都说我做得好，但师父对我的作品常加指点，指出哪儿做得好，哪儿还有待改进，哪几处有失误，在他的精心指点和我的勤苦用功之下，木雕活路做得越来越好了。师父常用"山外青山楼外楼，强中更有强中手"来勉励我不要满足现状，做好木雕要好了更好，也就是书上说的"精益求精"吧。

人们的生活随着改革开放转好，农村修新房的逐渐多起来，在房梁、檐头、窗棂、门格处做雕饰的越来越多，一到农闲时节，我们手头的活接连不断。随着手里渐有余钱，人们为忠君爱国的古代圣贤、英雄和能赐福大众的仙佛修建寺庙，恢复塑像。政策逐渐变活，人们交流视野越加开阔，民众审美水平日渐提高，这些进一步促进了我们在工艺方面的提升。因为我在雕刻方面最为突出，寺庙回廊、门格、窗棂、神龛、龙轿等都交由我来做，有时也帮助师父、师兄弟们做塑像、彩绘和壁画。当时用的还是传统的工具，按传统的技艺来做，有时自己按需要也加工一些新工具，也在图案中加入一些自己的理解，精心制作的木雕部件在给大家以美的享受的同时，也给自己精神的愉悦。后来我学成出师，娶了师父素以心灵手巧著称的女儿，在我以后的木雕艺术生活中，她给了我莫大的支持。

按照传统图案底样和祖先既定造型做木雕构建多了，在其中想实现自己的设计是绝不允许的，我始终感到有一种束缚感，总想尝试突破。随着社会发展和生活水平的提高，人们开始追求简约的风格，西式门窗开始流行，传统工艺因工艺繁杂、费工、费钱而逐渐冷落。同时，人们开始追求室内的装饰点缀，花瓶、奇石、各类雕塑进入桌头案边。鉴于这种变化和养家糊口需要，我开始了从制作到创作的转变。

蒲池周边林木丰茂，人们将不太好收拾的树根、木料随意弃置院边巷头，我利用这些随手可取的资源，尝试创作独立的个体艺术形象，因形赋意，只要提前设计到位，有些树根稍加修剪、略加雕琢即成一件有趣的摆件。在灵光一闪和创作的喜悦中，我成就了木雕作品，木雕也成就了我。这一批作品以大家喜闻乐见的传统题材为主，有"西游""封神""三国""铡美案"人物，也有身边常见的飞禽走兽、名胜造型。拿到集市上去卖，每件50元到80元，销售奇快，让我很是激动。每一场集市能卖几百元，在当时是很好的收入，这让我能用木雕手艺来养家，让我免去外出"跑副业"的时间来进行创作。在20世纪80至90年代，我一直用木雕（兼带根雕）制作营生，心劲也很大，甚至夜深人静时也在琢磨材料的艺术设计与利用。每逢集市就去赶场卖作品，有时也用人力车拉到几十里外武都城去卖，城里人对木雕和根雕很感兴趣，这个曾经底层的艺术在他们眼里好像是很高雅的文化，我要价不是太高，卖得很快，收益很好。观赏和购买者里也有很多高人，指导我怎样做（设计加工）会更好，让我学到了很多东西。在大量创作的同时，我也感到了知识的饥渴，在材料的利用和艺术形象、意境的提升方面，我始终缺点什么。除了向同行交流学其长处，我开始购买文化艺术方面的书籍来提升自己的修养，因为我逐渐认识到：木雕创作不是像不像、好看不好看的问题，而是要通过所创造的形象，给人一种不可言传的美感和韵味。在创作之余，我大量品读传统诗词，鉴赏书法、绘画、木雕作品图册，从中领略其意境和造型，所有这些，对我后来的创作起到了潜移默化的作用。

2006年，我从偏僻的蒲池搬到繁华的两水镇，用木雕创作所得积蓄购买一处院落作为木雕创作作坊。木雕艺术品除了点缀自家居室和办公环境之外，成为馈赠亲朋好友的上好礼品。随着武都经济社会的快速发展，更多的人开始有余钱购买自己喜爱的物品，我的木雕作品在社会上影响慢慢扩大，经济收益也日趋让人羡慕。原来所带几个徒弟依各自家庭条件多方面发展，因为业务增多，我开始一改徒弟上门拜师的惯例，主动招收学徒。对徒弟从最基础的清理泥土、去皮讲起，再到材料的取舍、初步设计和具体制作，我都一一亲自示范。当时的武都，人们从崇拜有钱人转变为崇拜有文化的人，我由一名"匠人"被人尊称为"艺人"，一字之差让我很感动。武都木雕作为一种文化载体，得到了具有一定文化素养及品位的人们的喜爱，也为文化水平日渐提高的大众所接纳，从这个角度讲，我不能有一己之私，不然在"艺术"这个词前面我将很丑陋。我下定决心精心创作，带好徒弟，利用武都丰富的木料资源，彰显其自然纹理、自然色泽，传自然神韵，创作了《飞天·韵挹天宇》《雄鹰·大展宏图》《骏马·奔驰在千里草原》等大型木雕作品。

在建设文化陇南的号召下，武都各类艺术团体创作、交流、展览盛况空前。武都木雕也引起文化界领导的重视，时任武都

区文化馆馆长赵元鹏先生给予我很大的启发和鼓励，在他的支持下，我于2006年春季在莲湖公园文化展厅举办了个人展览——张守学武都木雕艺术展。这次展览共展出八十余件作品，现场销售六十多件，收入达十万元。其中一件山核桃做的《鹰·一啸问苍茫》卖了四千元的好价格。这次展览我受到了各方面的激励，尤其"鹰"系列评价最高，我乘兴又创作了《俯瞰九州》《一声万里》《高瞻远瞩》《长风振翼》《远瞻山河壮》等符合时代进取精神的作品。

2006年7月，陇南市文化局遴选我三十余件作品在天水市参加甘肃陇右非物质文化遗产展，农耕系列作品组件获优秀奖。2007年7月，我应邀参加陇南市首届花椒艺术节展览，共参展六件作品，其中《飞天·韵挹天宇》获银奖。2008年6月，甘肃省公布了《第二批甘肃省非物质文化遗产名录》，武都木雕被纳入保护项目，我被确定为传承人。省、市、区电视台也曾多次制作"武都木雕"专题节目进行报道。以上这些都给了我极大的鼓舞和力量，也让我更加明白了肩负的责任：要对得起政府给予的光荣称号。我想，既然是武都木雕，就要体现出地方特点，我再次思考，正本清源，坚持走传统的路子，秉承明清古建筑、民居、家具的雕刻规矩，发扬刀法敦厚、线条浑厚、风格古雅的特色，结合时代主旋律，创作切实美化环境、陶冶性情和大众乐于收藏的武都木雕作品。

在我艺术发展的同时，我也授徒传艺，将武都木雕推向更广的层面，在传承技艺的同时也成就了自己。1985年宕昌县新寨公社杜进宝是我最早的徒弟，之后教过三十多名徒弟，遍布周边县域。徒弟们有的学成另立门户，较出名的有1993年带的徒弟苟树庆，自己成立了木雕工艺公司；宕昌县新寨乡王进代、石门镇玄湾村李忠社等移民新疆，仍从事木雕工艺；2002年以来所带徒弟马来元、龙和顺等均能独立创作，佳作迭出，收益可观。俗话说"酒香也怕巷头深"，我与徒弟进行创作的同时，也注意带他们积极参加政府层面的平台来推广作品。2013年3月，在武都区民间文艺家协会主席袁长流的号召下，我与徒弟苟树庆加入该协会，我被选举为民协副主席、武都木雕组委会主委。2014年，我的作品《飞天·敦煌遗梦》被武都区文广新局推选参加第二十三届兰洽会。2014年，我被推选加入甘肃省民间文艺家协会。2015 年，陇南市委宣传部、文广新局授予我"陇南市工艺美术大师"称号。2016 年 7 月，武都区华夏文明传承创新区建设暨武都文艺奖举行颁奖仪式，我积极组织武都木雕组委会会员用木雕作品装点颁奖仪式会场，供参会领导和成员观赏；本次评奖中，我和徒弟苟树庆的作品均获三等奖，人均奖金 1500 元。2017 年，为了拓展业务，我将木雕做生产工艺正规化，注册成立了陇南市鸿图木雕有限责任公司，带动更多的人参与其中；作品除了本地销售外，还远销北京、武汉、青海、江苏、河南等地。2018 年，鉴于武都清代朴学大师邢侂山（邢澍）祠仅有建筑没有塑像，经武都文联主席赵元鹏推荐和组织遴选，由我为邢侂山造像；能为"陇上人伦领袖"邢侂山先生造像，是我的殊荣；我恭敬审慎，在造像尺寸、服饰内容、人物特征等方面努力搜寻资料，力争实现造像与建筑的和谐搭配，再现人物精神特质。造像功成后，得到了当地文化界人士的一致肯定和好评。

作为武都木雕传承人，我积极履行传承人义务，每年按区非遗中心安排，参加省、市、区三级各类非遗活动。

"赏心未必金银贵，木石清香韵自长。"回顾自己的成长经历，略有所思所悟，在增强文化自信的今天，我将继续努力，为武都木雕赋予新时代内涵，与更多的人一起分享这份悠长的木雕艺术之韵……

（采录　王福忠）

刘淑霞

——武都栗玉砚省级传承人

刘淑霞，女，1967年10月生，陇南武都（原籍甘肃岷县）人。2007年5月，被评为区级非物质文化遗产传承人；2007年11月，被评为市级非物质文化遗产传承人；2010年8月，被评为省级非物质文化遗产传承人；2008年9月，被评为市级工艺美术大师；2011年2月，被评为省级工艺美术大师。

1983年开始学习砚台制作。1992年从事砚雕制作。1995年制作了《古代神话人物砚》受到各界人士的赞誉。1998年，逐渐了解武都栗玉砚，武都栗玉砚因"色如栗"而得名，北宋著名书画家、鉴赏家米芾在《砚史》中记载："成州栗玉砚，理坚，色如栗，不甚着墨，为器俱佳。"成州者乃今陇南徽县伏镇、栗川、泥阳等地——栗玉砚在陇南历史之悠久可见一斑。几十年，经武都栗玉砚人多番考证：武都龙坝、西和龙凤乡石料如《砚史》中记载的成州之石"纹理清晰，坚硬如玉，色泽更温润"，为制砚之上品。武都栗玉砚质朴浑厚、风格古雅，意境美雅之极，分布于白龙江西汉水、嘉陵江三江流域的武都龙坝乡、台石乡等乡镇。在研究史料的基础上，制作了栗玉砚《五龟路潮》和《壁虎闹春》。

　　2000年涉入敦煌文化研究。2003年制作了敦煌系列砚，其代表作有《大漠无声》《天边的敦煌》《夕照阳关》等。同年5月，在敦煌书画院展出的《夕照阳关》砚被阳关博物馆收藏。2006年开始致力于武都栗玉砚的挖掘和研究，相继制作了大批以先秦文化和三国文化为主的砚台，其代表作有《秦简》《先秦古韵》《寒林听音》《孔明观象》《阴平古道》《暗度陈仓》等充分展示了陇南区域性文化的独特性，对陇南文化做出了积极的贡献。2007年7月，栗玉砚荣获首届陇南花椒节奇石工艺开发奖。2010年4月，《佛国天堂》砚荣获第25届全国文房四宝艺术博览会银奖。2011年至2012年制作的《神福》《秋声赋》《幽谷泉唱》砚入编《中国洮河砚》，代表作《村溪访友》《九龟荷叶》砚入编《甘肃工艺美术作品选》。2013年，栗玉砚代表作《妙笔生花》《月下独酌》《春江水暖》《花好月圆》等砚入选《中华文化名家艺术成就邮票卡纪念珍藏册》。2018年11月2日至10日，省图书馆一行五人，到武都栗玉砚加工基地详细拍摄、记录了栗玉砚制作技艺（①选料，②锯坯，③凿形，④抛底，⑤构思，⑥落图，⑦走线，⑧下体，⑨分层，⑩粗刻，⑪细刻，⑫分层、粗刻、细刻循环十余次，⑬三维立体刻，⑭刻画，⑮打磨，⑯上蜡，⑰装盒，总共32道工序），存入国家图书馆数据库，做教学影像资料。2019年，在武都万象洞旅游景点创办展示窗口。

（采录　秦　锐）

徐狗凤

——角弓哑杆酒省级传承人

　　徐狗凤，女，汉族，生于1953 年，家住角弓镇陈家坝村，一直从事农业生产、面粉加工和酿酒劳作。祖上三代酿酒，积累了丰富的酿酒经验。1996 年被朝阳洞景区聘请为酿酒师，在任职期间，工作敬业，任劳任怨，从不计较个人得失，经常和省级非遗传承人徐兰兰探讨酿酒技艺。总结前辈的传统酿酒古法，利用朝阳洞独特的地理环境和仙洞灵气，在周边山上采集米革弯、香马草、和米糠、麦麸加水拌匀捏制酒曲，不但满足自己煮酒需求，每年还出售酒曲给周边农户，并常年收购煮酒原料小麦、红谷、高粱、玉米、青稞等。

　　角弓哑杆酒的传承已有一千多年，清末太平天国将领石达开来到陇南，在与民族同胞欢聚时就饮哑杆酒，他趁酒兴写了一首诗："千颗明珠一瓮收，君王到此也低头，五岳抱住擎天柱，吸进长江水倒流。""明珠"是指浮在酒水上面的气泡，也叫漂蚁。"低头"是指低下头喝哑酒。"五岳"是指双手，"擎天柱"是指吸管，诗写得很有气势，把哑酒的风情和豪壮气氛都写出来了，是对咂杆酒最好的写照。

角弓咂杆酒可以通过蒸馏工序酿制成液体酒，酒精度大约在 36—42 度之间，具体操作程序：先将酒醅舀入锅中，适量按照比例倒水，接通输管，旁边放置冷却缸一口。要求煮酒锅低，冷却缸高，分两层，装满水，然后生火蒸煮，等到温度达到煮沸程度，酒水就开始往下流入盆子或缸内。在蒸煮期间，火不能过旺，否则出现焦性味道不好喝。最早淋下来的酒称为“头淋子”，酒精度高，清香好喝，以后慢慢地味道变淡，要勤换冷却缸里的热水，否则烤不出酒。当你品尝喝多时，感觉别人的头像在摆动，恍惚中形似两个脑壳，此酒起名为“二脑壳”。

二脑壳散酒富含人体所需的氨基酸、维生素和微量元素，既能以酒敬宾，又达到疏通筋骨、祛风除湿、理气活络、舒筋活血、益精壮阳、延年益寿、醉不伤身、强身健体之功效。其制作技艺是当地人民珍贵的非物质文化遗产。2011 年角弓咂杆酒被甘肃省文化厅公布为第三批省级非物质文化遗产保护名录，目前本人属于省级代表性传承人。

在 2011 年以后，每年利用二月桃花开，八月瓜果飘香的季节，收购小麦、红谷、玉米、高粱、青稞，采集米革弯、香马草和稻糠，晾干、粉细，加入适量的水拌匀，捏制酒曲 1500 多个。按照咂杆酒的制作程序，招学徒 10 多人，分两次加工酿酒 50 多缸，逐年增加煮酒数量，亲自传授酿酒经验

和技艺。并于2015年在附近的陈家坝村、甘谷墩村和构林坪村传授煮酒经验，曾被省电影文化拍摄组作为视频资料在当地演示三天，效果很好，深受青年煮酒爱好者的欢迎。本人要在有生之年，继续发挥一技之长，指导学徒煮酒的有关事项，愿为角弓哑杆酒的发展和流传作出更大的贡献。

现在，在角弓哑杆酒第五代传承人刘义学的带领下，以丰富的酿酒经验、独特的酿酒技艺把角弓哑杆酒做大做强，造福本区域人民。在党和政府及文化部门领导关怀下哑杆酒将会得到更好、更快地发展。

（采录　解小玲）

马海宝

——窑坡瓦当脊兽烧制传承人

　　我叫马海宝，男，回族，1978年7月生于武都区柏林乡窑坡村。祖上三代都以烧制瓦当、脊兽为生，到我这辈是第四代。

　　如今，窑坡瓦当脊兽烧制技艺，是武都境内仅存的以柏林窑坡为代表的烧制古建筑陶制品的传统技艺。瓦当是古代中国建筑中覆盖建筑檐头筒瓦前端的遮挡。用以装饰美化和保护建筑物檐头的建筑附件。瓦当上刻有文字、图案，也有用四方之神"朱雀""玄武""青龙""白虎"做图案的。瓦当的图案繁多，设计优美，字体行云流水，极富变化，有云头纹、几何形纹、饕餮纹、文字纹、动物纹等，属于中国特有的文化艺术遗产；屋脊兽是中国古代汉族建筑中放置在房屋、宫殿等房脊上的雕塑作品。最早是为了保护建筑中的铁钉免受雨雪的侵蚀，被拿来当作铁钉帽子用的，后来久而久之成了屋顶的标配。汉族古建筑上的跑兽最多有十个，分布在房屋两端的垂脊上。除了装饰所用，还有着深刻的寓意，代表吉祥如意，可以驱除邪气，并且逐渐在实用过程中赋予区分等级的作用，除装饰、寓意作用外，脊兽还有避火防雷等传奇的功能。同时，脊兽也承载了千年的华夏文明。

我于 1994 年正式学艺，到现在从事瓦当脊兽和青砖青瓦烧制工作已 20 年有余。烧制瓦当脊兽属于祖上的手艺，我从小便耳濡目染，看着我的爷爷、父亲将一堆泥土变成一个个精美无比的艺术品。

烧制瓦当、脊兽工艺复杂，并且费时、费力。单单选土就必须具有相当的经验，需选取黏性强的胶泥土做泥塑，为保证泥塑表面的光泽与细致，选取好的土必须经过粉细和过筛，去除杂质后再加入头发或粉烂的麻纸，增加其可塑性。然后将土浸泡 10 天以上，再进行搅拌增加泥坯的韧性。

在我的记忆中，父亲烧制瓦当和脊兽的年代，所有的工序都是人工进行，每当泥土浸泡好之后，父亲总会叫上几个帮手，把泥土推开，然后在上面来回地踩踏，当时的我最希望的就是我也能像父亲一样，光着脚，在泥堆里来回地玩要一番，可惜当时的父亲并不允许，我也因此埋怨过父亲的无情。直到父亲将这份"事业"交到我的手里，我亲自感受过在泥泞中行走的艰难之后，才明白父亲当时的拒绝凝聚着一个老父亲对儿子最质朴的爱。

浸泡好的胶泥土经过人工来回踩踏，再发酵半个月就可以打泥墙，泥墙就是把泥土筑成大小均匀的长方体泥墙，筑好后用泥弓在泥墙上割取厚 2 厘米的泥片，再接着制片子（即模型），片子放置在铺有细沙的阴凉的地面上，五六个小时之后，陶匠刮去片子上的沙土，再用工具蘸水将模型表面做得光滑平整，就可以泥塑图形了，在片子上做出瓦当或脊兽所需图形平面轮廓。图案塑好之后，还要进行抛光，用刷子蘸水在图案上整体刷一遍，使其湿润有光泽；等抛光后的泥土晾硬后，再精工细雕，使图像更逼真传神富有立体感。之后还要进行二次抛光才能进行晾晒。晾晒好的泥塑还不能直接上窑，还得用盐性泥水进行第三次抛光、磨纹，以此加强表层密度，使烧制出的产品表面细致有光泽。做好这一切，再次晾干后，就可以装窑烧制了，装窑前一般会在窑底部装 2—3 米砖瓦，顶层装上瓦当脊兽，这样不易破损。最后，封口、点火烧制。

点火，是烧制中最有仪式感的一道工序，古时点火需请阴阳先生择定吉日时辰，杀鸡敬酒以祭祀鲁班爷，以祈求烧制出的东西精美、不出差错。

烧制时还需排潮气，点火三天后，根据窑口潮气的干湿，渐次关闭窑口上的排烟筒，火候与排潮气恰当的把握就是烧窑师傅的功夫所在，一般烧制时间在8—10天。最后，出窑。烧窑停火后在窑口土层上浇水7天，挖去土层晾两天，最后才可以出窑。

瓦当和脊兽的烧制工序复杂，稍有不慎就会失败，想要全面掌握系统的烧制程序，基本功必须过硬，在爷爷、父亲烧制瓦当和脊兽时，我就在旁边学习，但是到我手里，经过数次父亲在旁的指导和监督之后，我才独立进行操作，至此，我已独立烧制砖瓦及瓦当、脊兽十余年，如今这项工艺也被当地列入非物质文化保护项目。

20世纪90年代以前，武都瓦当脊兽烧制几乎遍布全境，北峪河流域的安化、柏林、马街、马营和白龙江流域东江、汉王、三河等乡镇都有流传，而柏林乡窑坡村的烧制技艺最为精湛、文化底蕴更为深厚，窑坡村地处柏林河谷地带，土质黏性、可塑性强，再加当地工匠技艺高超，自古以来这里所产砖瓦脊兽质量好，所以最具代表性。近年来，遍布白龙江和北峪河流域的砖瓦窑消失殆尽，仅有几家惨淡经营。

如今房屋大多都是水泥混凝土结构，瓦当和脊兽的需求量过少，经济利益低，这一工艺无法吸引年轻人来传承，大有遗失的可能，但是打我记事起，瓦当、脊兽的形貌就在我的面前活跃着，对于我来说这不仅是一项赚钱的行当，更像是一种生命的补充，我延续的是劳动人民智慧的结晶，在双手拨弄泥土的过程中，我甚至能感受到我的祖辈在这片土地上的辛勤与诚恳。

在我父亲那一代，改变了窑坡瓦当脊兽烧制技艺的传承方式，由家族传承变成了师徒传承，真正爱好脊兽烧制技艺的尹成林成了第五代传承人。尹成林，1962年4月生于武都区鱼龙镇上尹村，1996年开始学艺，20年一直从事瓦当脊兽的烧制工作，技艺精湛，对瓦当脊兽的泥塑技艺尤为高超。至此，窑坡瓦当脊兽烧制技艺有了继续传承、发扬的可能。

近几年来，国家对传统技艺进行了保护，人们也逐渐发现了这项技艺的可贵之处，这项技艺不仅是赚钱的途径，更是武都当地的特色文化：窑坡瓦当脊兽烧制的文化涉及民俗、信仰、陶艺、美术等文化范畴，文化底蕴深厚；窑坡瓦当脊兽烧制流程，从取土、炮制、制作、烧制以及成品的质量和耐用性能等，处处体现着劳动人民的智慧；窑坡瓦当脊兽烧制的产品美观、耐用，是上等的古建筑陶制品，其经济价值不可估量。

　　窑坡瓦当脊兽烧制技艺精湛，在武都是无人能超越的，我希望我能用我的能力，在国家和政府的帮助下，继续传承和发扬窑坡瓦当脊兽烧制技艺，有一天能让它成为武都文化的一张响当当的名片！

（采录　王福忠）

袁长流

——剪纸市级传承人

袁长流，1978年8月出生，武都柏林镇人，本科学历，中共党员。陇南市武都区史志办公室主任，兼任中国乡土艺术协会乡土文化发展中心理事、武都区政协常务委员。系中国民协会员，市级非遗项目"武都紫泥""武都剪纸"传承人。

1984年至1993年在武都县柏林中心小学（附中）读书。1993年至1997年在甘肃省礼县师范学校就读普师专业。1997年于柏林学区从事教育工作，后就读西北师范大学汉语言文学专业、东北师范大学历史学专业。2014年调武都区政协工作，2016年任武都区政协文史委员会副主任。2021年调武都区史志办公室主持工作。

曾编辑第三至第六辑《武都文史》和大型画册《印记》。参与编辑《中华人民共和国行政大典·武都区词条》《中华人民共和国地名词典·武都区部分》《中国民间故事全书·武都卷》《陇南市武都区志》等10余部书卷。主编出版《武都图志》《武都年鉴（2021）》《中国共产党武都历史》（合卷）。剪纸代表作品《韵挹天宇》《精准扶贫奔小康·石沟议事》分别入选国家丝绸之路剪纸艺术精品展和省级展览。

尹克富

—— 三仓灯戏市级代表性传承人

尹克富，男，汉族，中共党员，大专文化，1965年7月17日出生于陇南市武都区三仓镇坪头村。1982年1月参加工作，任原洛塘区公所文化专干，后任三仓镇文化专干至今。是甘肃省非物质文化遗产保护项目三仓灯戏市级传承人、三仓灯戏业余剧团法人代表、甘肃省剧协会员、武都区剧协副主席。

本人在做好本职工作的同时，业余时间全部用在了三仓灯戏的传承、创作、编导、演出上。1.创作《楚公子相亲》《"五谷神"下凡》《张子贵借妻》《灯》《修路》等8部传统灯戏；2.新编小灯戏《新农村》《记者到咱村里来》《"疫"线》等；3.编写小品、相声、快板等文艺作品15篇，如《上厕所》《逆行者》《三仓一家人》《优生优育》《惠农政策就是好》等；4.拍摄、珍藏三仓灯戏相关图片500多张，视频资料1200分钟；5.抢救、挖掘、整理几近失传的三仓灯戏大量剧目故事及曲词、唱腔、程式等，如《双干子》《王文俊进寿》《张大姐配杨天佑》《抓丁》《打彩》《献莲花》《送报条》《怀胎歌》《闹五更》《颂寿元》《十二花媒》《妹儿回娘家》《花折子》等；6.移植、改编历史传统灯戏《白蛇传》《三点血》《柳荫记》《辕门斩子》等20部。

　　1982年在县级（原洛塘区）文艺汇演时，曾获最佳编导奖和优秀演员奖，2017年荣获"三仓灯戏文化传承突出贡献奖"，2020年区委宣传部、区文联授予"优秀文艺人才"光荣称号。

赵世龙

——古建彩绘市级传承人

赵世龙，甘肃省陇南市武都区琵琶镇人，中国民间文艺家协会会员、甘肃省民间文艺家协会会员、陇南市武都区民间文艺家协会理事。

1972年出生在武都区琵琶镇麻崖村一个普通农民家庭，在那个物资匮乏的年代，童年没有多少乐趣。祖父、父亲都是民间"手艺人"，家传四代以上都是木匠，也涉及风水，民间称为"阴阳先生"，且他们广收学徒，年少时受到他们的影响，对于彩绘、泥塑、雕刻、木工等有着浓厚的兴趣，不仅填满了童年乐趣的空白，也深深影响至今。

赵世龙上小学的时候，由于家庭贫困，作业本往往都是正反面来写，密密麻麻写满了对于知识的渴望，不曾留出一点空白。又喜欢画画，买一本专门用于画画的本子那是他曾经最大的愿望。后来发现老师用过的粉笔也可以用来画画，于是每天就将老师用过的粉笔头拿回家，在自家的土坯墙上开始画画，看到什么就画什么，比如房前的竹子、屋后的石头、慵懒的瘦猪、打鸣的公鸡、翘着尾巴的黑狗等，不知过了多久，房前屋后的墙上、地上画满了，祖父、父亲及左邻右居都夸奖他以后一定是一个"画匠"，听到众人的夸奖更加起劲了，拿起粉笔准备在家里面储存粮食的柜子上开始画画，正好祖父看见了，就拿起麻纸、麻绳裁剪装订一个不算好看的本子让他画，于是开始了在纸上画画，一笔一画勾勒得很是认真。随着本子剩余的纸张越来越薄，笔下的画逐渐有了活力，但是好景不长，那时改革开放的风还未从外面吹到这个落后的小山村，历史的遗留还在深深地影响着这里每个角落，父亲因为做手工活被叫到村委会多次，于是他也放下了手中的画笔，将这个绘画的梦进行尘封。

1988 年，父亲邀请祖师爷李永秀画家谱，他出于好奇看到画在家谱上的狮子，感觉还挺简单的，于是在他们吃饭的时候，他拿起画笔在纸上画了一个狮子并涂上了颜色。祖师爷看见后觉得他有画画的潜质，对着父亲高兴地说道，"娃娃以后肯定是个好画匠，将来肯定是我这一门'艺'的传人"，于是他跟着祖师爷开始正式学艺，包含泥塑、彩绘、雕刻、风水（泛指阴阳五行八卦）等，先是听祖师爷讲解，再看祖师爷怎么做，最后开始上手操作，反反复复琢磨、思考，不懂就问、不会就练，睡觉前会在脑海中构思泥塑如何做、彩绘如何画、雕刻如何才能生动，从生涩逐渐到熟练，不仅仅是练熟了手感，也对泥塑、雕刻等民间工艺有了更深刻的认识和看法。

随着近 10 年的学习，赵世龙的手艺有了长足的进步，且涉及面广，接触范围大，对于不同门类，如雕刻、彩绘、木工、泥塑等之间的联系愈发认识深刻，逐渐融会贯通，1998 年独自一人承接张坝古村落观音殿泥塑工作；为进一步提高自己的水平、扩展见识，2002 年至 2005 年跟随父亲到四川剑阁县承接载仙观、宏恩寺等多处庙宇塑像工作，在这期间见识到其他地区泥塑的风格，并在父亲的指导下，他的手艺更进一步，但也认识到自己的不足，一个出色的手艺人一定是一个见多识广、有着丰富阅历和知识底蕴的手艺人，懂得学习、借鉴才能进步，故步自封只能算是吃老本，会随着时代的发展而湮没在历史的浪潮中。于是 2006 年至 2007 年他到浙江省义乌市一边承接古建工作，一边学习当地风格，承接明隐寺、西固寺、城隍庙古建中雕刻、木工工作。在学习中工作，从寺庙的梁柱、门窗、殿内九龙顶的雕刻，到二层四岩斗拱制作，再到上色彩绘，先学再做，认真构思每一处细节，符合美观要求，更能体现当地特色，这时的他深刻认识到学无止境，古建筑不仅仅涉及美观，还有木工的严密谨慎、风水的天时地利、彩绘的色彩斑斓、泥塑的扎实功底、雕刻的刀刀用心，更体现着古人的智慧与历史的写照。随着手艺愈发成熟，渐渐在陇南地区小有名气，2010 年修建了琵琶镇玄湾村黑池殿；2012 年至 2013 年修建了琵琶寺大雄宝殿；2015 年修建了康县店子乡五龙寺佛像；2018 年彩绘武都区玉皇乡南山土主庙、修建八十沟观音殿并彩绘；2019 年彩绘武都区外纳镇甘山村九天圣母殿；2020 年修建康县店子乡大湾里观音殿和塑像、彩绘，并在武都区做泥塑展览；2021 年泥塑、彩绘张坝古村落观音殿、彩绘文县樊坝镇关子沟村龙王殿等；2022 年修建玉皇乡塄干村祖师殿、彩绘五马镇董家院村八爷殿以及泥塑、彩绘鱼龙镇大安爷李文忠庙。

　　为了把民间艺术传承下去，他收了 6 位徒弟传徒授艺，积极参与各类民间艺术活动，通过古建琵琶寺大雄宝殿，壁画武都区外纳镇甘山村九天圣母殿，壁画武都区玉皇乡院子湾村南山土主神殿，四川剑阁县汉阳镇载仙观塑像修建，壁画康县店子乡五龙寺。张坝古村落观音殿塑像、壁画，张坝麦杆山神像等作品。2015 年，被陇南市评为民间工艺美术大师称号。2018 年，被陇南市一中聘请为民间艺术社团泥塑客座指导教师。2019 年，申报为古建彩绘市级传承人。2019 年，被陇南市评为民间工艺艺术师。2019 年、2020 年连续两年被评为全区文艺工作优秀人才。2021 年当选为琵琶镇第十届人民代表大会代表。2020 年、2021 年连续两年被陇南市第一中学评为"优秀社团客座导师"。2021 年 10 月 16 日，陇南市文学艺术界联合会，陇南市民间文艺家协会组织部分顾问和会员赴武都区琵琶镇张坝古村落考察，并以武都紫泥泥塑传承人身份为他家中工作室颁发陇南市民俗文化传承基地牌匾。

（采录　王福忠）

尹幸福

——大筒子演奏市级传承人

我名叫尹幸福，汉族，家住陇南市武都区鱼龙镇上尹村，高中文化程度。本人小时候就喜欢音乐，吹、拉、弹、唱样样喜爱。因为父亲在旧社会逢年过节时村上办灯唱就会拉大筒子，他就是文场的一员，所以自己很早就有一把大筒子，因为受父亲的影响，自己从小就学拉大筒子。久而久之，也就从实践中摸索到了大筒子的基本指法、弓法等。上初中时，每逢放学回家，或者节假日，农闲时间就拉大筒子。

自 1973 年从鱼龙初级中学毕业之后，被学校录取到武都县第三中学，在校期间，业余时间就和同学们一起拉大筒子、吹笛子，曾经在全校五一节文艺比赛活动中获得学校音乐优秀奖。

1975 年高中毕业后，回到家乡，在自学的基础上被推荐参加了上尹村业余文艺宣传队，当时尹维新老师为宣传队总指挥，也是总导演，我就拜他为师。在老师的亲切指导和言传身教之下，不仅对大筒子的理论知识更加了解，而且又对大筒子加以了解，实践运用。因为它和二胡的拉法、运弓相似，从此掌握了大筒子的基础技能以及在实际运用中的一些基本常识。

1978 年，由于工作需要，村支部让我担任了大队业余文艺宣传队队长，在导演尹维新老师的指导下，排演了许许多多与时俱进的大型文艺戏剧节目，如《沙家浜》《红灯记》《三世仇》《智取威虎山》《白毛女》《梁秋燕》《血泪仇》《穷人恨》《晓燕迎春》《一筐苹果》《审椅子》等，还有很多小型剧目、歌舞等。演出后深受广大群众的欢迎，还曾多次参加全公社文艺比赛调演活动。并且还慰问鱼龙镇黑头坪雷达站解放军同志，受到他们的高度赞扬和热烈欢送。

1980 年以后，随着改革开放发展，推陈出新，新旧结合，演过高山戏《钉缸》《更上一层楼》《办年货》《讨债》《野猪林》《智取生辰纲》《武松打虎》《李逵探母》《林冲雪夜上梁山》《高老庄》《孙悟空三打白骨精》《三盗芭蕉扇》《三女不孝》《张碰运》《真假新娘》《白玉霜》《人老心红》《三宝参军》《大树底下》《夸队长》《卖余粮》《一担水》《老少换》《赶集》《夜逃》《刘四告状》《回娘家》《吕大卖姜》《瓜代》《特殊党费》《齐上阵》等大型剧目。

2007 年 3 月，武都县举办的"第五届桃花旅游艺术节"，上尹村业余剧团演出了大型古典高山戏《刘四告状》和新编的高山戏表演唱《计划生育好处多》等节目，获得了城乡的一致好评。

2017 年参加了陇南市武都区国家非遗中心在敦煌的高山戏文艺展演，并获得了全场观众的热烈掌声和一致好评。

多年来，随着老师的指导和自己的不懈努力，自己也确实学会了一些实践经验和技巧，基本能拉出几个调，如 1=G 调，1=F 调，1=D 调，1=B 调，1=C 调的基本曲谱。并且还收徒三人，尹徐进、尹成俊、尹文涛，他们也都喜欢大筒子的演奏。目前通过我给他们讲解大筒子的结构、指法、运弓等在实际应用中的作用和用途，他们也都努力学习，在实践应用中屡显成效。

"大筒子"是高山戏文场最具特色的领奏乐器，它由琴筒、琴皮、琴杆、琴轴、弓杆、弓毛组成。琴筒呈椭圆形，琴皮多用蟒蛇皮制成，民间也有利用猪尿囊代替蟒蛇皮，琴杆较二胡短，其长略等于二胡的"千斤"以下处，琴杆顶部镶一龙头，琴弦于龙口处，有琴枕，无千斤，琴轴镶在龙耳旁，琴弓形同二胡，弓长与琴杆略同，弓毛用马尾巴做成。

大筒子因琴筒较大而得名，音色圆润、浑厚，极富歌唱性，柔美抒情之特点尤为鲜明，适合男声低音拉的曲调形同二胡，如1=G（52）弦、1=D（15）弦、1=F（63）弦、1=C（26）弦、1=B（26）弦、1=A（41）弦。大筒子的演奏左手和右手力度相对二胡大，快弓、颤弓、顿弓、右手弓法与左手滑音、揉弦、装饰音等技法需在理解中领悟。

（采录　秦　锐）

唐景瑜

——彩绘市级传承人

我叫唐景瑜，艺名唐德平，1978年9月出生于甘肃省陇南市武都区蒲池乡张庄村。小时候家里特别贫穷，全家人缺吃少穿。最难过的是家里很难支持五个孩子（一个哥哥三个姐姐）上学读书。所以那时候我特别珍惜学习的机会，记得在平时与同伴玩的过程中无论是山水还是人物稍微构思一下就能画出来，很受大家的青睐，其中有一件作品《西游记》被我三姐夫珍藏至今。就这样，与艺术结了缘，此后开启了艺术生涯。

我在1995年正式拜王玉喜为师学习传统建筑工艺美术。1998年在甘肃天水学习人物绘画、泥塑。2003年师从刘志义在中国山水画方面研修学习深造。其间在武都、舟曲、宕昌、岷县、文县、兰州五泉、四川九寨沟、浙江绍兴、河北保定等地从事寺院、庙宇、亭台楼阁、旅游景区等雕塑和彩绘工作。于2014年很荣幸被评为陇南市第三批非物质文化遗产项目代表性传承人。

在多年的学习和实践过程中，不断地吸收和传承传统民间彩绘艺术的精髓。在工作和生活中始终以"天地诗书为贵，孝悌为仁之本。做人德为先，孝为本，为艺先立品，待人贵以诚。彼此砥砺前行，与时俱进"为我的人生信条。

俄国文学家果戈里曾说："建筑是历史的纪念碑，是石头的史书。当书籍和文字被淹没时，只有建筑还在向人们说话。是用它特定的建筑语言——建筑的型制、建筑的装修、建筑的雕刻和色彩来表达建筑时代的技术水准和人们的精神追求。"

就拿建筑的装饰、雕刻、色彩来说，它所表达的主题和主流文化倡导的精神密不可分。在对于祠堂、庙宇、住宅、园林建筑的装饰题材选择提炼中，应用不同的旋子彩画、和玺彩画，以及采取方心式，包袱式，海曼式三种不同形式的苏式彩画。然后结合当地的山川形胜、民风民俗以及当地人民的文化观，借鉴释迦牟尼舍身喂虎、观音临危救难、地藏普度众生、佛教经变故事和佛祖的法器以及三星高照、麻姑献寿、灵霄庆功、南极仙翁、八仙过海、八仙法器和李老君骑着青牛过函谷关的故事等，作为建筑装饰的普遍题材。体现圣贤功绩、忠孝义举、延年益寿的思想。

在武都、舟曲、宕昌、岷县、文县、兰州五泉山等地方彩绘及壁画雕塑修复保护工作中，根据地理位置、湿度、温度、气候变化等因素，使用生熟桐油、白面、血料、生石灰、麻线等合理的配比，采取"一麻多灰"等完整的地仗工序。使木材表面形成一个平整的灰壳层，起到更好的防潮、防水、防火

作用，对建筑的木结构也起到很好的保护作用。其次在色彩方面色调活泼多样，种类变化多。结构上不断创新，为宫廷门阙创造红火热烈的宝珠吉祥草彩画，为室内吊顶而使用几十种人们喜闻乐见的天花彩画。

另外，绘画、雕刻中的人文故事大都取自儒家经典。应用艺术的手段，倡导忠贞爱国，孝悌传家，邻里和睦，尊老爱幼的行为道德，对人起了潜移默化的教育作用。它始终体现着主流的文化。

因此，20多年来，我从构造、格局到图案设计、色调等方面不断探索，吸收汇聚了各地方色彩的诸多优点，不断创新，逐渐形成甘肃地域彩绘特有的风格，给建筑增添了地域性。我以后在古建彩绘文化上继续尽自己的绵薄之力，做好彩绘的传承工作。

（采录　解小玲）

田主成

—— 泥塑市级传承人

　　我叫田主成，男，汉族，陇南市武都区角弓镇角弓街村人。1965 年 7 月出生于白龙江河畔鱼米之乡的农民家庭，兄妹四人，我排老三。由于父亲体弱多病，生活十分拮据，本人从小钟爱乡村文化，对泥塑和绘画产生了浓厚的兴趣，由于文化课不行，初中毕业后就想学自己喜欢的一项技艺来养家糊口，以便和母亲担负起家庭的重任。

　　古人云，"艺不压身""家有千顷地，不如随身带个艺"。由于从小受到老一辈（泥塑师傅）们的影响，加之自己也非常喜欢泥塑艺术，于是凭着自己的一腔热情，18 岁的时候在白鹤桥"镇江寺"正式拜汉王杨治庭为师，跟师父在本村"万善堂"和"傅爷庙"学习泥塑。在学艺期间认真刻苦、细心钻研，不断提高自身的专业技能，通过三年的艰苦努力、奋发图强，学到了很多的泥塑常识和技艺，为我以后的泥塑发展奠定了坚实的基础。在师傅们的悉心指导之下已成功出师，现主攻佛像的泥塑作业。

　　在党的十一届三中全会以后，逐渐开放信仰自由，发展农村宗教文化，"文革"时期遭到破坏的文化古迹相继维修，作为民间匠人才有施展技艺的机会。在本村和周边的活一个接一个。一次，收到了九寨沟一座寺院的邀请，我想这也是一次学习的机会，便离家前往九寨沟附近的藏族同胞寺院中雕刻泥塑和绘画，并且学到藏族文化泥塑、彩绘的民俗知识。

　　2008年在本镇角弓街承接了"玉皇宫"和"白马庙"两处佛像塑造工程，后来又接了"龙王爷庙"和"八爷庙"等工程。从那时起活渐渐多了起来，就带了本村李章林、姚世卿和长子田志学为徒，共同发展泥塑和彩绘事业。

　　2009年，为了深造泥塑业务和本村陈羊朝前去世界文化遗产敦煌莫高窟参观学习了泥塑知识，精彩异常的壁画和精美的泥质彩塑历史艺术文化使我大开眼界，在如此规模之大、内容之丰富的佛教艺术殿堂中深受震撼。

　　2011年我在朝阳洞景区负责人刘所长的帮助和支持下，乘在西安和宝鸡购买泥塑彩绘资料之便，参观了世界文化遗产"秦兵马俑"和佛教圣地"法门寺""兴教寺"及道教"金台观"等。这次的参观使我更加了解中国古代泥塑文化的精髓，从而懂得了在泥塑和彩绘当中的不足，使我深受启发。

　　在朝阳洞景区的"观鹤亭""药王殿""睡佛殿""三霄殿"都有本人的泥塑作品，由于本人泥塑业务水平不断提高，经常受到游客和周边群众的高度评价，得到很高的赞誉。

　　2013年在市、区文化部门多次考察和指导下，对我的泥塑和彩绘技艺水平给予充分肯定。2013年底被市、区文化部门颁发了"陇南市民间工艺美术大师"的荣誉证书，2014年被市文化部门评为"市级泥塑非遗传承人"。

　　在2016年到2019年四年当中，先后在舟曲的南峪村和宕昌的谢家坝村及本区的五库、山仓、鱼龙等地方一直搞泥塑彩绘工程，塑像已达70余尊，彩绘面积达到1500平方米，不但在本人经济收入上得到了实惠，而且在原基础上增加学徒5人，并且成立了"田师彩绘泥塑公司"。为了彩绘事业的发展，本人将扩大公司，让泥塑、彩绘技艺不断传承，并发扬光大，为本区域的文化事业作出应有的贡献。

（采录　解小玲）

孟 岩

——松赞干布迎亲记市级传承人

孟岩，男，出生于1970年，甘肃省陇南市坪垭藏族乡鹿连村人，初中文化程度。师从于第二代传承人孟加走、王高僧、王三宝等师傅，学习编排藏戏《松赞干布迎亲记》的唱腔、角色表演等，于春节期间将作品表演给广大村民，每年春节农闲时期都会排练并表演。

坪垭藏乡松赞干布迎亲记是以松赞干布迎娶文成公主为背景的大型历史藏戏，根据历史记载和当地老艺人口头传授，这个文化形式是由曾在夏河拉卜楞寺院读经修习的僧人阿克桑吉依据经文记载的故事，把藏族歌舞表演从寺院带回到坪垭家乡。

坪垭藏乡"南木特"鹿连村舞蹈队于1964年在陇南地区"五一"剧团首次上演，1983年，在原有剧本的基础上本地人孟才让又进行了整理改编，其内容和形式才得以完善。

松赞干布迎亲记是藏汉民族通过联姻等形式促进民族团结共同繁荣发展的历史故事的活化石，也是当前教育、影响和促进民族团结进步的文化艺术表演活读本。对弘扬民族精神，促进民族团结，共同繁荣，有着十分重要而又深远的意义。松赞干布迎亲记古朴、纯真的表演，优美流畅的唱腔音乐，体现了其不可估量的文化价值、社会价值与历史价值。

（采录　安永强）

本海燕

——武都蜂糖酒市级传承人

　　本海燕，女，生于 1982 年 10 月，文化程度为初中，学技时间为 2003 年，家族传承。她聪明好学，短短几年内就已经熟练掌握了按原料的蒸煮加工和旺、中、小的火候。她每年酿酒数次，为邻居传授酿酒技术。

　　在本海燕的记忆中，家里爷爷奶奶爸爸妈妈，每年到收蜂蜜的时节。总要做几缸蜂糖酒，在她记忆里甜爽的酒坯子是童年时期最美的味道。从古到今，蜂糖酒全凭老人口传心授，老人对蜂糖酒的口感评价分为老辣、甜、酸，听老艺人说能酿成老辣、甘甜的才是精品，如果酿造环节有一点不对，都会让酒变味，就像陈醋一样酸，从她学艺到现在，也出现了好几次酒的变味，她从中不断学习改进。

　　后来她成家了，丈夫家是一个世代酿造蜂糖酒的家庭。她继承家族手艺，传承了公婆王爱勤多年总结的酿酒程序，在此基础上进一步创新，酿造纯天然、无添加绿色蜂糖酒。她看到绿色食品的市场强大需求，因此坚持传统的纯粮手工作坊模式。

　　她勤奋好学，查资料访专家，经过长时间的研究，探究出蜂糖酒选用绿色环保材料酿造，具有美容养颜、排毒除风、防寒祛湿、补肾养胃的作用，对慢性支气管炎和哮喘等痼疾有良好作用，长期饮用能促进睡眠和新陈代谢，因此有很强的抗衰老功效。在此基础上，她准备将武都蜂糖酒做大做强，加大宣传力度，让人们知道蜂糖酒的益处，打开蜂糖酒的营销门路；同时，她广招门徒，把蜂糖酒酿造这门技艺传承下去，发扬光大。

　　　　　　　　　　　　　　　　　　　　（采录　王福忠）

【参考文献】

① 曾礼《武都县志》，生活·读书·新知三联书店出版社，1998 年 11 月。

② 罗卫东《陇南市志》，方志出版社，2019 年 4 月。

③ 王文章《非物质文化遗产概论》，教育科学出版社，2008 年 10 月。

④ 张昉《陇南民俗文化》，甘肃文化出版社，2012 年 9 月。

⑤ 邓剑秋《中国戏剧志·甘肃卷陇南分卷》，1988 年。

⑥ 关联《关联印存》，西泠印社出版社，2020 年 12 月。

⑦ 尹利宝《武都高山戏》，中国文联出版社，2018 年 8 月。